家圖書館出版品預行編目資料

心易姓名學/張士凱作. —初版. —臺南市
易林堂文化，2012.10
面；　公分
ISBN 978-986-88471-4-9（平裝）
1. 姓名學
293.3　　　　　　　　101021020

# 心易姓名學

作　　者 / 張士凱

總 編 輯 / 杜佩穗

執行編輯 / 王彩鸞

發 行 人 / 楊貴美

美編設計 / 圓杜杜工作室

出 版 者 / 易林堂文化事業

發 行 者 / 易林堂文化事業

地　　址 / 台南市中華南路一段186巷2號

電　　話 / (06)2158691

傳　　真 / (06)2130812

電子信箱 / too_sg@yahoo.com.tw

2012年11月初版

總 經 銷 / 紅螞蟻圖書有限公司

地　　址 / 台北市內湖區舊宗路二段121巷28號4樓

網　　站 / www.e-redant.com

郵撥帳號 / 1604621-1 紅螞蟻圖書有限公司

電　　話 / (02)27953656　傳　　真 / (02)27954100

定　　價 320元

# 目　錄

**基礎篇：**

**第一章：排盤（姓名的組合以及排盤）**

※介紹姓名的組合：

**第二章：姓名五格的含義說明**…………28

**第三章：數字與五行**

## 第六章. 『心易姓名學』的介紹與說明… 271

### 補充篇：

影響人生的因素

　　　（「李宗駒老師口述」學生張士凱記錄）

# 自 序

在工作之餘學習五術這門學術，也已經快有十年了，當初學這門學術也是一個機緣，因為看到報紙夾報的簡章，社區裡的學校要開授五術的課程。進而開啟筆者對中國五千年來的文化，老祖先的智慧「山、醫、命、相、卜」產生興趣、研究和學習。

然而在學習姓名學的過程中遇到不少的瓶頸與挫折，甚至於迷惑在數字的吉凶與用字的含義當中，打轉停滯不前，因此而困頓許久，萌生想要放棄學習姓名學。

正當想放棄之際，大漢易經書院院長，顏仕老師告知筆者，書院出了一套，李宗駒老師的姓名學教學VCD，不知是否有興趣，閱讀了簡單內容，吸引了筆者，購買了一套回來看，看了李宗駒老師的教學內容之後，讓筆者茅塞頓開，有一種柳暗花明又一村的感覺。

每當筆者在學習上若有問題，打電話請教李老師，他都非常樂意的解答，以解筆者心中的疑慮，李老師教學的認真態度與不藏私的傾囊相授，讓筆者佩服感動之至。

回首之前筆者想要放棄學習熱衷的姓名學之際，如今遇到李老師，猶如心靈導師，重新開啟筆者對姓名學這一門學問殿堂的認知，更進一步的了解與學習。心靈的感受有如走過一片綠油油的草原，渡過湍急的河流，經過彎延的小徑，而進入到森林的寶藏，探索尋找金字塔。

然而筆者深深的感受到姓名學的魅力，我們的姓名除了可以看『字』的「形、音、義」之外，還有姓名五格數字「1.2.3.4.5.6.7.8.9.0」的含義（也就是西洋人講的生命密數）之外，以及我們中國人常講的五行「木、火、土、金、水」的特性特質和五行的「相生、相剋、平（比和）」之外；以及如何將數字與五行的搭配，進而轉化為我們中國人講的八字「十神」的特性，帶入姓名的五格中去論

斷，由此可得知一個人的個性、脾氣，是否有上司、長輩緣，以及人際關係、外出運與家人、配偶、子女的互動狀況，還有我們的事業，一生的福德福報等等，都可以由我們的姓名中得知，所以看似簡單的姓名，其實是藏著許多的密碼，等待著我們去解密得知。

筆者白天上班，利用假日之餘從事命理，替顧客服務。有感於親朋好友的熱忱與建議下，有幸於向「中華心盧命理師協會」理事長，陳松燦老師學習手面相和擇日課程，以及與「大漢易經書院」院長顏仕老師學習地理與卜卦的課程，增加其命理諮商諮詢與服務的多元性；筆者在此感謝兩位老師教學的認真與不藏私的傾囊相授。

在這兩三年來，想學習姓名學，筆者的親朋好友和客戶們（成朋友）在盛情的邀約支持與鼓勵之下，讓筆者盛情難卻，籌劃寫姓名學這本書。此乃讓筆者我有感而發與感同身受，當初筆者在學習姓名學的過程中，一路跌跌撞撞，不得其門而入，從中走過許多的冤枉路，有鑑於此，把寫書的構想與恩師李宗駒老師商討研究，如何執筆而寫。

　　然而白天上班，利用下班以及假日閒暇之餘來執筆，不斷的寫寫停停，屢屢遇到瓶頸撞牆期，請教於恩師李宗駒老師，在老師的指導之下，終於不負老師與眾人的期待，總算完成了「心易姓名學」這本書的寫作與心願。

　　有感於身為一個知識份子，對於中華文化五千年來，老祖先們的五術智慧資產，有著一份傳承後代與發揚的責任。然而老祖先的五術智慧，不是包著一層神秘的面紗和色彩，更不是遙不可及，高不可攀，深不可測的學問。而是伴隨在我們的日常生活中與圍繞在我們身邊。

　　筆者這本書，所探討的數字「1.2.3.4.5.6.7.8.9.0」，在我們的日常生活當中，無時無刻、隨時隨地，都會看到用到的「數字」，好比說我們用的日曆、月曆、年曆，顯示時間的時鐘手錶等以及計算用。在我們的日常活中息息相關，有著密不可分的關係。再一個重點是，我們所用的阿拉伯數字是全世界通用的「數字」，所以我們不可能不用數字。

再談論我們中國人常講的五行「木、火、土、金、水」，也是融入在我們的日常生活中，譬如說我們吃飯用的碗，有瓷碗與不鏽鋼碗，瓷碗是用「土」燒製而成，不鏽鋼碗是用「金」屬製造出來，我們吃飯用的筷子是用「木」頭製作而成，以及我們做飯煮菜要用到「火」跟「水」等等。雖然筆者以上的舉例說明，所使用的器具還有其他材料、原料可以製作而成，但是五行「木、火、土、金、水」在我們日常的居家生活環境中，處處可見到以及使用到。

我們可以用自然界與聯想的方式來學習五術和數字的含義，而不是刻板一層不變。我們可以用很輕鬆活潑想像的方式來學習。譬如說，我們看到數字「1」就是代表大樹，我們看到一棵大樹，在一年四季裡會有何變化，以及在夏天颱風來的時候，大樹會怎麼樣？動動我們的腦筋，發揮一下想像力，就會有答案。

　　所以數字與五行在我們日常生活中，是密不可分的關係。然而數字與五行的搭配而產生的「生、剋、平」含義，如何帶入姓名的五格中來論斷。此書內容深入淺出，由淺入深，借由電視戲劇人物的舉例說明，增添閱讀的樂趣與印象，對於想要學習姓名學的讀者朋友們，或著已經學過姓名學的同好們，有所助益與收穫。

作者 張士凱

壬辰仲秋

# 大道至简一以貫之 — "心易"

長久以來，許多人對"姓名學"這一門學問說法不同、褒貶也不一，所以在研究"五術"的系統中，一直不太被多數人所重視。直到最近十幾年，因為"姓名學"這門學問的理論逐漸被驗證，漸漸的也喚起了大家對自己姓名好壞與否的重視。

關心自己姓名的好與壞是一件好事，但是往往在資訊太多（說法不一及各派互相攻擊）的時候，讓人不知道如何去選擇與學習，這才是一件令人感到棘手的事。

五術起源於"易"，如果我們回歸到"易"字的原始意義上來理解，晝、夜循環、四季更動，本來就是大自然中明顯"易"見的的現象，但現象雖然簡單易見，卻也是同時隱藏著變化深入的一門學問，只是見聞者能否參透的問題而已。

　　士凱此次撰寫"心易姓名學"一書，深入且有系統且將其多年實證的心得配合本門學理逐一整理、推演，讓讀者能深入了解"心易姓名學"與"易經"之間的理論架構，並探討各門派之間的學理應用，去蕪存菁，逐一透析姓名當中潛藏的密碼，吾欣見其成，故為之序。

　　希望本書對欲研究"姓名學"的朋友及打算取名（更名）的讀者能有更多直接的幫助。

李宗駒
壬辰仲秋於品心小築

# 姓名學生活化

研習五術易經、易理及有關山醫命卜相之道二十餘年，其間常有機會將心得分享於同好，這十餘年來也積極於五術教育推廣，用大自然理論為學理依據個人無良好的經典學養，致每感才薄學淺、辭不達意；五術、易經的道理頗為深奧，如何運用淺易的文字語言，用大自然的原理而能貼近人心，又能讓人成為日常生活的指引，有如張士凱老師活潑生動的書寫方式，以達到命理生活化、姓名學生活化及生活易經化，可使讀者殷切追尋找到想要的姓名學知識。

張士凱老師是余的師兄，曾同拜於恩師李宗駒老師門下，研習姓名學、易經、地理、八字，余目前在台南市救國團、台南市國立生活美學館及附設長青大學教授「八字時空洩空天機及擇日學、卜卦學、姓名學、易經、陽宅」等課程，以大自然生態的道理闡述十天干、十二地支及易經的理論；而張士凱老師以其深入淺出剖析姓名學、十長生訣、甲子乾坤數、九宮循環事例，誠令人折服。

　　張士凱老師能用口語化的方式寫作，將艱澀的姓名學理表達得不死寂，充滿了生命自然的活力，倘若能完整研讀，必能得到無限的寶藏，讓您不必再費神去思索其學術玄機。

　　張士凱老師完全摒棄舊有的姓名學術，顯視其對姓名學獨特的見解是位謙謙君子：著作「心易姓名學」，其特色是文句流暢淺易，內容精彩豐富，此書的發行，必能再次掀起學習姓名學之熱潮。

太乙（天易）謹序

2012 年 9 月 30 日

歲次壬辰　中秋佳節 甲午日

# 學理是要經過驗證的

2000 年起迄今研究老祖宗的學問"周易"已經有十餘年,剛開始就是從姓名學自學,逐漸深入到風水陽宅、卜卦、四柱、、、;回想起來,中間有好長一段摸索的時間。因為是自學的原因,往往囫圇吞棗,看到什麼就學什麼,所以對完整的學理架構並不清楚。

在那時候強記、死記,是唯一的方法,但往往是事倍功半,學習效果大打折扣,真的好辛苦。還好當時並未放棄對老祖宗學問的熱愛,一路走來,差點都要放棄了;幸遇宗駒老師,教導"心易"一法,終於漸漸突破盲點及矛盾處,繼續學習與實證的道路。

今天,士凱兄所著"心易姓名學"一書即將出版,當然作為同修的我是一定要好好閱讀。書中鉅細靡遺的將"心易"的結構道出,有助於學習的理解,不必強記死記;有系統的整理出名字

當中各個格之間【生、剋、平】的互動關係；更廣泛的將各大學派的學理引入討論，旁徵博引，實屬不易。不得不佩服士凱的辛苦與投入。

　　相信這"心易姓名學"一書，定會讓每一位讀者閱後感受到筆者的用心與堅持，同時滿載而歸。

利人利己
李彥廣

（原名：李政哲，原任職於台灣金融界多年，近年多在大陸發展；同時也運用所學，益利人群。）

2012.09.17

# 先天運、八字命

　　姓名是代表個人身份、地位與名譽。姓名亦是人與人相識互動、溝通及建立自己人際關係的必要，每人都有一個姓名來代表自己。代表自己的姓名當然需要慎重。古人云：「姓名二、三字，好壞一輩子」可見姓名對個人的命運還是有影響。國內命理師研究姓名學者甚多，以姓名論命、批命者亦不少。「姓名學」隨著命理師的研究，一而再的改變姓名論命的方式，甚至命名亦同。目前國內的命理師，以姓名論命及命名的方式有數種之多，而士凱獨樹一格。

　　士凱姓名學有一些迥異。士凱以八字配合姓名學五格，天、人、地、外、總格的五行，再以五行相生相剋及生肖剋應，字行、字義、字音來幫人論命及批命。並將為人論命的結果加以印證、分析、研究再逐一的在本「姓名學」書中論述。士凱的「姓名學」綜合各門各派，提出了自己的見解。並以家諭戶曉人物加入做分析，使本書更具研究價值。無論是為子女命名或自己想改名，都是一本很好的姓

**17**

名學書籍。由其是以姓名學教課的老師們，那更是一本絕佳的姓名學參考書。

　　命理諺語：「千金一藝、不如賜子佳名」又云：「命名合天命、能增智慧」可見姓名之重要。熟讀士凱的姓名學，想要改名或想要為子女命名者，可省下選好名的時間及解決命名、改名的煩惱。但取名仍要注意士凱「姓名學」所提：避免用不雅字彙或不雅讀音，無運勢或無財運，生肖剋害，五行生剋不配合之名。總筆劃為凶數或與長輩同名。總之取一個吉利的姓名能讓您趨吉避凶、開運旺財，知命掌運、給自己帶來更好的運勢與前程。

　　人有「先天運、八字命」想增加個人福份，不妨先改變自己的心態，增加個人陰德。例如：日行一善，或日行多善言，再則增加個人人際關係及貴人助力，那就會給自己帶來更好的運勢。

中華心盧命理師協會　理事長　　陳松燦

辛卯年　台北新莊　閭仙派道場　謹識

# 柔和的態度

在學術的應用上，以該人的姓名來評斷事業、婚姻、健康，以及吉凶禍福者，就稱之為姓名學，而姓名學的學派眾多，可謂百家爭鳴，而也都各有其理論依據，和充足的實務印證經驗，也因此，現階段已經不再是準與不準的問題，而將會是適用性的問題了。每一種學派理論，所依據的所謂不同基礎理論，與論斷架構，就會發展出特別適用於某個部份的論斷方式，在研究的過程裡面，就會發現，某個學術理論對健康方面有特別的分析，哪個學術理論對判斷流年又特別獨到。這也是本書作者張士凱這幾年來，一直在努力鑽研的部份。

我與張士凱老師相識十年有餘，對於其鑽研學問的態度甚表佩服，士凱老師屢次來與我長談，有關於他對姓名學研究的心得，每次聊到他這幾年來將坊間姓名學歸類整理後，在應用上又得到充分印證那種成就感時，總是眉飛色舞侃侃而談，這期間總能發現，在姓名學的領域中，士凱老師投入的程

度就非一般人所能比擬，其專注的精神，也是值得佩服的。

　　如果說，將姓名學學術的派別打破，能理出一條對判斷姓名架構更清楚的學術理論，對於初學者，或研究姓名學多年，而仍不得其門而入的讀者來說，更寬廣的思考模式，在將來以姓名學執業，做姓名學判斷時，能以更柔和的態度，設身處地的論說，不為自己的名聞利養而信口雌黃，可以對被服務者有更多的幫助，給予更多的心理輔導，未嘗不是行功累德。

　　今逢士凱老師將多年的整理資料，願意成書以饗讀者，讓有心進入研究姓名學理論的朋友，一個更便捷更寬廣的通道，當然，也希望此書對讀者有更多的幫助，故為之序。

　　　　　大漢易經書院　院長　顏仕

## 基礎篇

# 第一章　姓名的組合以及排盤

☞**基礎篇：**

※**介紹姓名的組合：**

　　一. 單姓兩名的組合。

　　二. 單姓單名的組合。

　　三. 雙姓單名的組合。

　　四. 雙姓雙名的組合。

第一節介紹：**單姓兩（雙）名的組合**以及筆畫

　　　　　　數的算法，如下圖所示：

| | | |
|---|---|---|
| | 1 | |
| | 李 7 | 8<br>天格 |
| 17<br>外格 | 小 3 | 10<br>人格 |
| | 龍 16 | 19<br>地格 |
| | 26<br>總格 | |

※天格的筆畫數，就是姓氏（李字是 7 畫）的筆
　畫數上面在加上一個假「1」就等於 8 劃。

※人格的筆畫數，就是姓氏（李字是 7 畫）的
　筆畫數，在加上中間的(「小」字是 3 畫)字，
　就等於 10 畫。

※地格的筆畫數，就是中間的（「小」字是 3 畫）
　字，在加上尾字的（「龍」字是 16 畫），就等於
　19 畫。

※外格的筆畫數，就是尾字的(「龍」字是 16 畫)，
　在加上「姓氏」上面的假「1」，就等於 17 畫。

※總格的筆畫數，就是姓氏（「李」字是7畫）的筆畫數，在加上中間字（「小」字是3畫）的筆畫數，在加上尾字（「龍」字是16劃）的筆畫數，就等於26畫。

第二節介紹：**單姓單名的組合**以及筆畫數的算法，如下圖所示：

| | 1 | |
|---|---|---|
| | 葉 15 | 16 天格 |
| 2 外格 | 問 11 | 26 人格 |
| | 1 | 12 地格 |
| | 26 總格 | |

※天格的筆畫數，就是姓氏（葉字是 15 畫）的
　筆畫數上面在加上一個假「1」就等於 16 畫。

※人格的筆畫數，就是姓氏（葉字是 15 畫）的
　筆畫數，在加上中間的（「問」字是 11 畫），
　就等於 26 畫。

※地格的筆畫數，就是中間的（「問」字是 11 畫）
　字，在加上「問」字底下的假「1」，就等於 12
　畫。

※外格的筆畫數，就是姓氏（葉字是 15 畫）筆畫
　上面的假「1」；在加上（「問」字是 11 畫）字
　底下的假「1」，就等於 2 畫。

**＊請注意，單姓單名的人，外格一定是 2 畫。**

※總格的筆畫數，就是姓氏（葉字是 15 畫）的筆
　畫數，在加上中間字（「問」字是 11 畫）的筆畫
　數，就等於 26 畫。

＊請注意，單姓單名的人，「總格」的筆畫數只要
　加「姓氏」的筆畫數和「名字」的筆畫數，名字
　底下的假「1」不要加進去。

第三節介紹：**雙姓（復姓）單名的組合**以及筆畫數的算法，如下圖所示：

| | | |
|---|---|---|
| | 司　5 | |
| | 馬　10 | 15<br>天格 |
| 6<br>外格 | 懿 22 | 32<br>人格 |
| | 1 | 23<br>地格 |
| | 37<br>總格 | |

※天格的筆畫數，就是兩個雙姓（復姓）的筆畫數加在一起，（「司」字5畫）在加上（「馬」字10畫），就等於15畫。

※人格的筆畫數，就是（「馬」字10畫）；在加上中間的（「懿」字是22畫）字，就等於32畫。

※地格的筆畫數，就是中間的（「懿」字是22畫）字；在加上「懿」字底下的假「1」，就等於23畫。

25

※外格的筆畫數，就是雙姓（復姓）上面的（「司」
　字5畫）；在加上「懿」字底下的假「1」，就等
　於6畫。

※總格的筆畫數，就是雙姓（復姓）的筆畫數相
　加，「司」字5畫在加上「馬」字的10畫；再
　加上「懿」字的22畫，就等於37畫。※要記
　得「懿」字底下的假「1」不能加進去，要不然
　總格筆畫數會算錯。

第四節介紹：**雙姓（復姓）雙名的組合**以及筆
　　　　　　畫數的算法，如下圖所示：

| | | |
|---|---|---|
| | 諸 16 | |
| | 葛 15 | 31 天格 |
| 32 外格 | 臥 8 | 23 人格 |
| | 龍 16 | 24 地格 |
| | 55 總格 | |

※天格的筆畫數，就是兩個雙姓（復姓）的筆畫數加在一起，（「諸」字16畫）在加上（「葛」字15畫）， 就等於31畫。

※人格的筆畫數，就是（「葛」字是15畫）；在加上中間的（「臥」字是8畫）字，就等於23畫。

※地格的筆畫數，就是中間的（「臥」字是8畫）字；在加上尾字的（「龍」字是16畫），就等於24畫。

※外格的筆畫數，就是雙姓（復姓）上面的（「諸」字16畫）；在加上尾字的（「龍」字是16畫），就等於24 劃。

※總格的筆畫數，就是四個的相加。「諸」字的16畫在加上「葛」字的15畫；在加上「臥」字的8畫，在加上「龍」字的16畫；就等於55畫。

　　以上四種是姓名的組合，在台灣以「單姓兩（雙）名的組合」為主，在大陸「單姓單名的組合」是比較多的。介紹完了以上四種是姓名的組合之後。在來我們要介紹五格「天格、人格、地格、外格、總格」的含義。

> 基礎篇

# 第二章　五格的含義

## ☞基礎篇

　　姓名學能夠算一些什麼呢，姓名學能夠算的東西其實比我們大家想像的還要多。

　　姓名學可以算一些什麼呢，我們就以「天、人、地、外、總」，五格來分的話，以下我們簡單的來介紹五格含義，以及所代表的意義。此本書是以數字來看姓名學。

　　第一個是天格，天格代表我們的「頭」，所以我們可以算出一個人的思想或想法。以及與生俱來的天賦，以及父母親跟長輩緣和上司緣，就是我們跟長上、長輩的緣份。對女生來說，天格還代表著是她的先生。因為以前在古代女人的天（天格），就是老公的意思。若以身體的部分代表我們的頭。

我們看『天格』的含義，如下圖所示，可增加大家的印象。

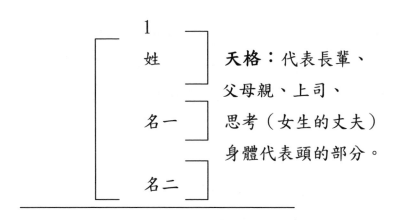

我們看『人格』的含義，如下圖所示，可增加大家的印象。

第二個是人格，人格代表我們的本質、我的個性, 我們的脾氣。 若以身體代表喉嚨以下到肚臍的部分。

我們看『人格』的含義，如下圖所示，可增加大家的印象。

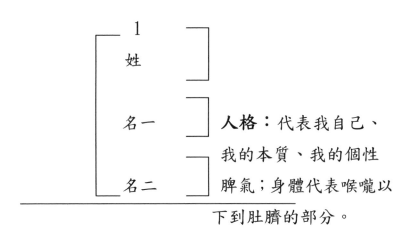

人格：代表我自己、我的本質、我的個性脾氣；身體代表喉嚨以下到肚臍的部分。

　　第三個是地格，地格代表我們的下半身。也是代表我們的子女、部屬或晚輩。以男生來講，地格代表著是妻子。以及不論是男生還是女生，地格也是代表男女朋友的位置。若以身體的部分代表肚臍以下到我們的腳，腳在地格有行動力的意思。所以我們就會知道，天格是我們的想法，地格是我們的行為，兩者就不太一樣了。

　　我們看『地格』的含義，如下圖所示，可增加大家的印象。

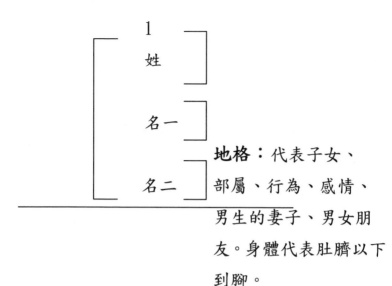

地格：代表子女、部屬、行為、感情、男生的妻子、男女朋友。身體代表肚臍以下到腳。

第四個是外格，外格代表我們的出外運，我們出外好不好。譬如說我們現在的人在工作職場上，有時後要去國外，譬如說我去大陸發展好不好。還是說我去美國讀書好不好，還是去留學日本到底好不好，可不可以就是從外格來看。

外格也可以看我們的人際關係，因為我們的出外運，也就是代表我出外時候，可不可以跟外面的人相處互動的好不好，所以外格也是可以看我們的人際關係。若以身體的部分代表我們的皮肉皮膚、手臂，外格又象徵背脊的部分。

我們看『外格』的含義，如下圖所示，可增加大家
的印象。


外格就代表是出外運、人際關係。

身體的部份：　　　　　　　1

皮肉皮膚、手臂，　　　　姓

外格又象徵

背脊的部分。


外格　　　名一


　　　　　　　名二


　　　　第五個是總格，總格是總筆畫數，代表我們
一生的　總命運。我們在判斷一個人的人生好壞的
時候，大部分都是以個人的事業成就來做標準。所
以總格大部分，我們可以拿來算工作事業。譬如說
我適合做什麼行業，還是我什麼時候可以創業，以
及我什麼時候投資會比較好，大部分都可以從總格
做一個評論。甚至我適不適合創業，總格也是一個
重要的觀察點。

我們看『總格』的含義，如下圖所示，可增加大家的印象。

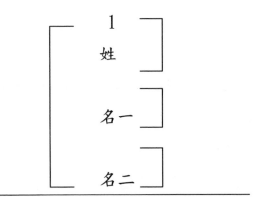

**總格代表：我們一生的總命運、以及事業的成就和福德。**

　　以上是天格、人格、地格、外格、總格的基本介紹，其實我們人生的大小事項，我們都可以用姓名學去做判斷，譬如說一個人的想法、個性脾氣、人際關係的好壞等等，都可以借由姓名學來了解，這個部分我們後續都會用舉例說明。

## 基礎篇

# 第三章　數字與五行

### 第一節　　數字與五行的陰陽關係

我們講數字五行就是（木、火、土、金、水），1、2是屬木的,3、4是屬火的,5、6是屬土的,7跟8是屬金的,9跟0是屬水的。如下圖表所示:

| 數字 | 1 | 2 | 3 | 4 | 5 | 6 | 7 | 8 | 9 | 0 |
|------|---|---|---|---|---|---|---|---|---|---|
| 五行 | 陽木 | 陰木 | 陽火 | 陰火 | 陽土 | 陰土 | 陽金 | 陰金 | 陽水 | 陰水 |
| 符號代表 | ＋ | － | ＋ | － | ＋ | － | ＋ | － | ＋ | － |

我們要知道了解一下；陽數就是單數,我們就以（＋）這個符號來代表陽數。陰數就是偶數,那我們就以（－）這個符號來代表陰數。（如上圖表所示）

如果在細分的話1是陽（單數＋）的木，2是陰（偶數－）的木；3是陽（單數＋）的火，4是陰（偶數－）的火；5是陽（單數＋）的土，6是陰（偶數－）的土；7是陽（單數＋）的金，8是陰（偶數－）的金；9是陽（單數＋）的水，0（10）是陰（偶數－）的水。以上我們要知道了解一下。五行的陰陽要記得很清楚。因為跟姓名學排盤（排五格「天格、人格、地格、外格、總格」）的相生、相剋、平（比和）有關係。

接下來先簡單基本的介紹五行的『相生、相剋、平（比和）』的說明，方便我們以下要舉例說明，如何教排五格的陰陽五行和數字。

## 第二節　　什麼是五行的
## 『相生、相剋、平（比和）』的說明

第一個什麼是五行的相生循環圖，大家要一定記起來，就是木生火、火生土、土生金、金生水、水生木。「生」就是一種付出跟奉獻的意思。如下圖所示：

## 五行相生圖

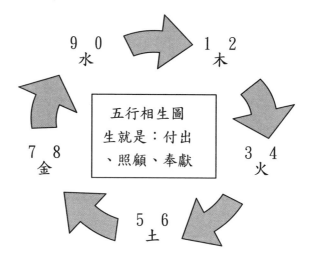

五行相生圖
生就是：付出
、照顧、奉獻

## 生就一種是：付出、照顧、奉獻的含義

第二個什麼是五行的相剋循環圖，大家要一定記起來，就是木剋土、土剋水、水剋火、火剋金、金剋木。「剋」就是一種控制，控制是一種磨練，當然也有破壞的含意。如下圖所示：

## 五行相剋圖

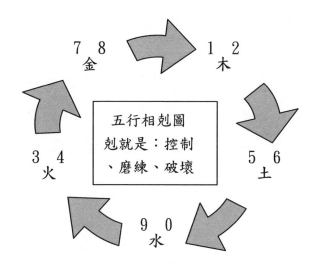

7 8
金

1 2
木

五行相剋圖
剋就是：控制
、磨練、破壞

5 6
土

3 4
火

9 0
水

## 剋就是：控制、磨練、破壞的含義

　　第三個什麼是平（比和），平（比和）就是你跟我是相同或是一樣的。譬如說，木遇到木，火遇到火，土遇到土，金遇到金，水遇到水，跟我是一樣的就是平（比和）。

　　以上這個五行什麼是相生、相剋、平（比和），大家要一定記起來。接下來我們要舉例說明，如何排五格的陰陽五行、數字以及如何看『相生、相剋、平（比和）』的解說。

## 第三節 姓名五格排盤
## 『相生、相剋、平（比和）』的解說

　　我們舉一個人的名字來排五格的陰陽五行以及如何看『生、剋、平』的解說，我們來舉一個電影明星來做說明，演電影「葉問」而紅的甄子丹先生。如下圖，所示：『數字只看「個位數」』

| | 1 | |
|---|---|---|
| | 甄 14 | 15 土 天格 |
| 5 土 外格 | 子 3 | 17 金 天格 |
| | 丹 4 | 7 金 地格 |
| | 21 木 總格 | |

我們看甄子丹先生（如上圖），天格是 15 的陽土，人格是 17 的陽金，地格是 7 的陽金，外格是 15 的陽土，總格是 21 的陽木。

甄子丹先生，他是天格15陽土「生」人格17陽金。人格17陽金和地格7陽金是「平」就是「比和」。在來是總格21陽木「剋」外格15陽土。外格15陽土「生」人格17陽金和「生」地格7陽金。

　　無論是『生、剋、平』以及數字的陰陽大小，我們只要看數字的「個位數」就好了；譬如說天格是15的陽土，我們只要看「個位數」的『5』就可以了。又譬如說人格17的金，我們看「個位數」的『7』金就可以了。你看他的五格都是陽數，五格都是陽數的人個性會比較固執一點。

　　我們舉一個例子來看，如何排五格的陰陽五行以及『生、剋、平』，演電視劇的犀利人妻的名模隋棠小姐，如下圖，所示：『**數字只看「個位數」**』

|  | 1 |  |
|---|---|---|
|  | 隋 17 | 18 金<br>天格 |
| 2 木<br>外格 | 棠 12 | 29 水<br>天格 |
|  | 1 | 13 火<br>地格 |
|  | 29 水<br>總格 |  |

　　我們看隋棠小姐（如上圖），天格是18陰的金，人格是29的陽水，地格是13的陽火，外格是2的陰木，總格是29的陽水。


　　隋棠小姐，她是天格18陰金「生」人格29陽水。在來是人格29陽水和總格29陽水「剋」地格13陽火。在來是外格2陰木「生」地格13陽火。人格29陽水和總格29陽水是「平」就是「比和」。「天格、人格、地格、外格、總格」的數字，我們只要看「個位數」的數字就可以了。

譬如說她的天格是18陰的金，只要看「個位數」的『8』就可以了。人格是29的陽水，只要看「個位數」的『9』就可以了。相信大家都很容易了解。

在這邊大家要主注意一下；單姓單名的人，她的人格跟總格的筆畫是一樣的，那外格一定是『2』的，這個要注意一下。

我們舉一個例子來看，如何排五格的陰陽五行以及『生、剋、平』，小說作家司馬中原先生，如下圖所示：『數字只看「個位數」』

| | 司 5 | |
|---|---|---|
| | 馬 10 | 15 土 天格 |
| 15 土 外格 | 中 4 | 14 火 人格 |
| | 原 10 | 14 火 地格 |
| | 29 水 總格 | |

　　我們看司馬中原先生（如上圖），天格是15的陽土，人格是14的陰火，地格是14的陰火，外格是15的陽土，總格是29的陽水。

　　　司馬中原先生他是，天格15陽土和外格15陽土「剋」總格29陽水。人格14陰火「生」天格15陽土。總格29陽水「剋」人格14陰火和地格14陰火。天格15陽土和外格15陽土是「平」就是「比和」。人格14陰火和地格14陰火是「平」就是「比和」。「天格、人格、地格、外格、總格」的數字，我們只要看「個位數」的數字就可以了。

　　譬如說他的天格是15的陽土，只要看「個位數」的『5』就可以了。人格是14陰的火，只要看「個位數」的4就可以了。總格是29的陽水，只要看「個位數」的『9』就可以了。相信大家都很容易了解。

　　我們舉一個例子來看，如何排五格的陰陽五行以及『生、剋、平』，北宋文學家歐陽修，如下圖所示：『**數字只看「個位數」**』

| | 歐 15 | |
|---|---|---|
| | 陽 17 | 32 木<br>天格 |
| 16 土<br>外格 | 修 10 | 27 金<br>人格 |
| | 1 | 11 木<br>地格 |
| 42 木<br>總格 | | |

　　我們看北宋文學家歐陽修（如上圖），天格是 32 的陰木，人格是 27 的陽金，地格是 11 的陽木，外格是 16 的陰土，總格是 42 的陰木。

　　歐陽修他是，外格16陰土「生」人格27陽金。人格27陽金「剋」天格32陰木和地格11陽木。總格42陰木「剋」外格16陰土。天格32陰木和總格42陰木是「平」就是「比和」。

「天格、人格、地格、外格、總格」的數字，我們
只要看「個位數」的數字就可以了。

譬如說歐陽修的地格是11的陽木，只要看「個
位數」的1就可以了。人格是27陽的金，只要看「個
位數」的『7』就可以了。外格是16的陰土，只要
看「個位數」的『6』就可以了。相信大家都很容
易了解。

以上我們介紹了，【姓名的四種組合】以及【五
格的含義】和【數字與五行】的陰陽關係；以及五
行的「相生、相剋、平（比和）」配合圖表解說和
舉例說明四個不同，姓名五格基本的排盤寫法
『生、剋、平（比和）』的解說，讓大家有所明白
與了解。

### 第四節　兩格互動的論斷（五十種格局）

接下來要教大家如何論斷「天格、人格、地格、
外格、總格」五格，因為有相生跟相剋跟平（比和）
的關係，以下有五十個兩格之間的論斷，都會一一
舉例說明讓大家了解。所有的論斷都是以『人格』
為出發點，要注意一下。

# 五 格 的 含 義 表

| 五格 | 含　　義 |
|------|---------|
| 天格 | 代表長輩、父母親、上司、思考、（女生的丈夫）身體代表我們的頭部。 |
| 人格 | 代表我自己、我的本質、我的個性脾氣。身體代表喉嚨以下到肚臍的部分。 |
| 地格 | 代表子女、部屬、行為、感情、男生的妻子、男女朋友。身體代表肚臍以下到腳。 |
| 外格 | 代表是出外運、人際關係。身體的部份：皮肉皮膚、手臂，外格又象徵背脊的部分。 |
| 總格 | 代表我們一生總命運、以及事業的成就、人生觀和福德。身體的部份，好比是代表我們整個人的整體。 |

以上是「天、人、地、外、總」五格的含義表格圖，大家要記起來。以下舉例一些電視連續劇（憶難忘、娘家、夜市人生、新兵日記、家和萬事興、天下父母心、新兵日記之特戰英雄）的劇中人物的名字做為範例解說，說明兩格之間五格的「相生、相剋、平（比和）」的關係。

※請注意我們所有算的筆畫數，都是以（康熙字
　典「繁體」）的筆畫數為準。

## 第 1、天格生人格的含義

| | | |
|---|---|---|
| | 1 | |
| | 余 7 | 8 金 天格 |
| 5 土 外格 | 善 12 | 19 水 人格 |
| | 仁 4 | 16 土 地格 |
| | 23 火 總格 | |

生是代表：
付出、照顧、
奉獻。

> 天格生人格

　天格生人格，就是上司付出給我的意思。長輩付出
給我。父母親付出給我。思考付出給我。（結了婚
的女生，就是丈夫付出給我）。

上司會付出給我, 就是上司會照顧我, 上司對我不錯, 上司會關心我叫付出。

長輩付出給我, 就是長輩會關心我, 長輩很照顧我, 長輩很疼愛我, 所以天格生人格的人, 貴人運跟長輩緣會比較好。

爸爸媽媽付出給我, 一樣的意思爸爸媽媽對我比較疼愛, 爸爸媽媽對我比較關心。

思考付出給我, 代表說我想東西不用很累, 這個思考想法會自己來找我(人格), 因為有主動來生我的含意, 代表說思考會自己來找我, 換句話說我是比較有靈感的人。

丈夫付出給我（指結婚的女生，「在古代，天格代表女生的老公」）, 代表老公對我還不錯, 老公很照顧我；當然是指結了婚的女生來講。

## 第 2、天格生地格的含義

| | | |
|---|---|---|
| | 1 | |
| | 李 7 | 8 金<br>天格 |
| 6 土<br>外格 | 萬 15 | 22 木<br>人格 |
| | 世 5 | 20 水<br>地格 |
| | 27 金<br>總格 | |

生是代表：
付出、照顧、
奉獻。

## 天格生地格

　　天格生地格，就是我的爸爸媽媽對我的小孩、我的老婆很好。我的上司對部屬很好很照顧。天格生地格，就是我的爸爸媽媽很疼愛我的小孩（孫子），我的爸爸媽媽對我的老婆很好。然後就是我的想法會推動我的行為。

　想法是天格，行為是地格，我的想法會推動地格，就是代表這個過程是順暢，代表我想到就會去做。

## 第 3、天格生外格的含義

| | | |
|---|---|---|
| | 1 | |
| | 葉 15 | 16 土<br>天格 |
| 7金<br>外格 | 大 3 | 18 金<br>人格 |
| | 同 6 | 9 水<br>地格 |
| | 24 火<br>總 格 | |

生是代表：
付出、 照顧、
奉獻。

**天格生外格**

天格生外格就是爸爸媽媽對我的朋友很好, 爸爸媽媽對外人很好, 爸爸媽媽很喜歡往外跑。

我也很想往外跑, 但不見得會去, 很想就是思考而已, 我也很喜歡往外跑。然後我在家的時候會想出門, 但是出門之後, 不見得想要在外面, 你要看出去之後又跑去那裡。

## 第4、天格生總格的含義

| | 1 | |
|---|---|---|
| | 楊 13 | 14 火 天格 |
| 15 土 外格 | 宗 8 | 21 木 人格 |
| | 華 14 | 22 木 地格 |
| | 35 土 總格 | |

生是代表：
付出、照顧、
奉獻。

**天格生總格**

天格生總格，就是爸爸媽媽對我的岳父岳母不錯；以及爸爸媽媽很支持我在工作上決定的事情。爸爸媽媽會給我金錢上的援助，因為總格有金錢的意味，爸爸媽媽會給我錢。如果我要創業爸爸媽媽很容易讚助我金錢，讓我創業。

## 第 5、人格生天格的含義

| | 1 | |
|---|---|---|
| | 王 4 | 15 土<br>天格 |
| 2 木<br>外格 | 威 9 | 13 火<br>人格 |
| | 1 | 10 水<br>地格 |
| 13 火<br>總格 | | |

生是代表：
付出、照顧、
奉獻。

### 人格生天格

人格生天格，就是我付出給上司，我付出給長輩，我付出給父母親，我付出給思考；我（是指結了婚的女生）付出給丈夫。

換句話說，我付出給上司，就代表我對上司有禮貌，我對上司交代給我的工作，我都會努力的做好。我會對上司好，我會替他做事情，我會關心上司。

如果說是長輩緣, 就是我會對長輩付出, 我會照顧長輩, 我會關心長輩, 我會幫長輩的忙。

爸爸媽媽也是一樣, 我為爸爸媽媽付出, 我會關心爸爸媽媽, 這個是孝順的格局。我對爸爸媽媽付出關心和照顧。

思考, 我付出給思考, 我對思考付出, 代表我很會思考事物, 我很會想事情, 我是傾向於研究人才, 我一直會去思考一些事物, 因為我主動, 我也樂於思考事情。這種人比較容易走一些專業和研究的路線。

我付出給丈夫, 若以女生來講, 這種是對老公是很好的格局, 我對老公付出和照顧。

# 第 6、人格生地格的含義

| | 1 | |
|---|---|---|
| | 羅 20 | 21 木<br>天格 |
| 2 木<br>外格 | 剛 10 | 30 水<br>人格 |
| | 1 | 11 木<br>地格 |
| | 30 水<br>總格 | |

生是代表：
付出、照顧、
奉獻。

> ## 人格生地格

人格生地格，就是我付出給子女和老婆，我付出給部屬，我付出給行為，我付出給感情。

我付出給子女和老婆，就是我對小孩子和老婆很好很關心、照顧的意思。

　　我付出給部屬，我對部屬很好，很關心他們。

　　我付出給行為，代表我是一個很會做事情的人，我主動付出給行為，我就會為了行為做奉獻，我就是比較主動的，比較任勞任怨一點的命格。

　　我付出給感情，我會主動追求自己的戀情。對感情的對象，就是說男生會對女朋友很好；如果是女生也會對男朋友很好。若以男生來講，是會疼愛老婆，老公會付出給老婆。

# 第 7、人格生外格的含義

| | | |
|---|---|---|
| | 1 | |
| | 吳 7 | 8 金<br>天格 |
| 15 土<br>外格 | 君 7 | 14 火<br>人格 |
| | 鳳 14 | 21 木<br>地格 |
| | 28 金<br>總格 | |

生是代表：
付出、照顧、
奉獻。

## 人格生外格

人格生外格就是我對朋友付出，這也是雞婆的人。人格剋外格也是雞婆的人。兩者差別在那裡，差別在於人格生外格的人是很主動的雞婆，不管好壞他都會去想幫忙。人格剋外格的人，他是要有利益的，他是希望你好，他才會教你怎麼做，他是叫你怎麼做，他是不會幫你做。

　　人格生外格的人，你請他幫忙，他會幫你。譬如說你要去那裡，打電話給他請他來載我一下我們一起去可以嗎，這個人格生外格的人會來載你。

　　人格剋外格的人，可能只是說要不然我幫你出車錢，你坐車來這樣而已，他就是給意見式，還是說給命令式，兩者不太一樣。

　　人格生外格的人直接去幫忙，在行為上就出去了。講實在話，這種是很熱心的朋友是沒有錯，但是常常有時候，很容易熱臉貼人家的冷屁股，這是因為太雞婆了。但是做保險跟做業務以及做義工的，很多都是人格生外格的人。

## 第 8、人格生總格的含義

| | | |
|---|---|---|
| | 1 | |
| | 高 10 | 11 木<br>天格 |
| 12 木<br>外格 | 心 4 | 14 火<br>人格 |
| | 梅 11 | 15 土<br>地格 |
| | 25 土<br>總格 | |

生是代表：
付出、照顧、
奉獻。

**人格生總格**

　　人格生總格就是我很喜歡我的事業，我對事業很認真。人格生總格的人可能很懶惰，但是他對事業很認真，他會想事情要怎麼做，但是他不見得會有的動作，也可能是等於沒有。

通常人格生總格的人，年紀大一點都還會有成就，因為還蠻認真在做，這種人比較會認命，該他做就會做。

人格生總格的人很喜歡存錢。就是我對我的人生很負責，我很努力去推動我的人生，我很努力在經營我的人生。

## 第 9、地格生天格的含義

| | | |
|---|---|---|
| | 1 | |
| | 王 4 | 5 土<br>天格 |
| 21 木<br>外格 | 三 3 | 7 金<br>人格 |
| | 寶 20 | 23 火<br>地格 |
| | 27 金<br>總格 | |

生是代表：
付出、照顧、
奉獻。

## 地格生天格

地格生天格，就是我的老婆對爸爸媽媽（婆媳）很好，我的小孩子對我的爸爸媽媽很好（祖孫相處）。

若以結婚的女生來講，子女（小孩）對他們的爸爸很好的意思（因為女生來說的話，天格代表老公）。我的員工、我的下屬，對我的上司很有禮貌，類似這樣。

## 第 10、地格生人格的含義

| | 1 | |
|---|---|---|
| | 丁 2 | 3 火<br>天格 |
| 2 木<br>外格 | 浩 11 | 13 火<br>人格 |
| | 1 | 12 木<br>地格 |
| 13 火<br>總格 | | |

生是代表：
付出、照顧、奉獻。

## 地格生人格

我的子女付出給我,就是我的小孩會關心我,對我照顧這是很孝順。

我的部屬付出給我,我的部屬向心力很夠,會替我做很多準備工作,還會替我做事設想周到。這種的命格,是生意人很喜歡,當你的員工會主動幫你做事情的時候,老闆的格局是會比較高。

行為對我付出,我就是被動的。這種人就會比較被動一點,就會變成有很多事情會來找他,他就需要去做,平常是懶得動。

地格生人格的男生家事是不太會做,很少會做家事。但是在工作上還蠻認真,但是這種工作上的認真,不是勞力上的認真,因為在行為上他是被動的,太勞力的工作他是不會做。

感情對我付出,這種人談戀愛很快,因為是感情來找我。

男女朋友也會對他（她）付出，所以在談戀愛上，感情這一塊上面他（她）是輕鬆的，因為是別人來對我好，當然就會比較自私一點點。

老婆來對我付出，這種就是老公娶到有幫夫運的老婆，就是太太讓我無後顧之憂，她會幫你設想好，為你付出。

## 第 11、地格生外格的含義

| | | |
|---|---|---|
| | 1 | |
| | 石 5 | 6 土<br>天格 |
| 2 木<br>外格 | 俊 9 | 14 火<br>人格 |
| | 1 | 10 水<br>地格 |
| | 14 火<br>總格 | |

生是代表：
付出、照顧、
奉獻。

## 地格生外格

地格生外格，就是我的老婆很喜歡往外跑，我的小孩子很喜歡往外跑，我的老婆很喜歡我的朋友，我的小孩子也喜歡我的朋友。

我的老婆喜歡出去外面，想要去旅遊，我的小孩子也喜歡外出，也想要去旅行之類。

名字全陰格的人，身段個性會比較柔軟。

### 第 12、地格生總格的含義

| | 1 | |
|---|---|---|
| | 彭 12 | 13 火<br>天格 |
| 15 土<br>外格 | 志 7 | 19 水<br>人格 |
| | 豪 14 | 21 木<br>地格 |
| | 33 火<br>總格 | |

生是代表：
付出、照顧、
奉獻。

## 地格生總格

地格生總格，就是我的老婆喜歡存錢，我的老婆對她的人生也會負責，老婆也很踏實，也會存錢，也很認真。然後老婆會幫我賺錢，就是我的老婆有幫夫運。

然後生了小孩之後財運會變好。地格生總格的人，結婚生了小孩之後，事業運會變好，意思是一樣。地格生總格的人，比較適合早婚，還有早生小孩。

## 第 13、總格生天格的含義

| | | |
|---|---|---|
| | 1 | |
| | 李 7 | 8 金 天格 |
| 14 火 外格 | 再 6 | 13 火 人格 |
| | 傳 13 | 19 水 地格 |
| | 26 土 總格 | |

生是代表：
付出、照顧、
奉獻。

## 總格生天格

總格生天格，就是我的岳父岳母對我的爸爸媽媽很好。我一有錢就會給爸爸媽媽。

然後我在工作場合就是特別有靈感，總格來生我的天格（天格是代表思考、想法、靈感）。

我在工作（總格代表工作、事業）的地方，我有錢的時候特別有靈感，然後很容易想到錢，因為錢會來找我，我很容易想到錢。爸爸媽媽的財運也很好。

# 第 14、總格生人格的含義

| | | |
|---|---|---|
| | 1 | |
| | 賴 16 | 17 金<br>天格 |
| 8 金<br>外格 | 惠 12 | 28 金<br>人格 |
| | 君 7 | 19 水<br>地格 |
| | 35 土<br>總格 | |

生是代表：
付出、照顧、
奉獻。

## 總格生人格

　　總格生人格，就是我本身的財運不錯，我賺錢也很輕鬆，我的工作運和貴人很多，對我有幫助。然後我對人生都充滿了一種悠遊的感覺，所以不會覺得很有壓力，是屬於享受型的人生。

## 第 15、總格生地格的含義

| | 1 | |
|---|---|---|
| | 李 7 | 8 金<br>天格 |
| 12 木<br>外格 | 慶 15 | 22 木<br>人格 |
| | 祥 11 | 26 土<br>地格 |
| 33 火<br>總格 | | |

生是代表：
付出、照顧、
奉獻。

---

**總格生地格**

總格生地格,就是我的老婆財運很好,我的老婆爸爸媽媽對她很好,我的老婆的爸爸媽媽對小孩子很好,小朋友的命不錯,貴人很多,人生很輕鬆。在來就是比較有賺錢的機會,就是總格來生我的地格。

## 第 16、總格生外格的含義

| | 1 | |
|---|---|---|
| | 江 7 | 8 金 天格 |
| 7 金 外格 | 大 3 | 10 水 人格 |
| | 同 6 | 9 水 地格 |
| | 16 土 總格 | |

生是代表：
付出、照顧、
奉獻。

---

**總格生外格**

---

　　總格生外格就是比較大的地方,總格生外格就是我的朋友財運很好,朋友的運勢不錯,然後朋友一生容易有貴人。然後我的事業很容易站助我的朋友,然後我很容易拿錢幫助我的朋友。

## 第 17、外格生天格的含義

| | 1 | |
|---|---|---|
| | 陳 16 | 17金<br>天格 |
| 16 土<br>外格 | 志 7 | 23 火<br>人格 |
| | 輝 15 | 22 木<br>地格 |
| | 38金<br>總格 | |

生是代表：
付出、照顧、
奉獻。

### 外格生天格

外格生天格, 就是我爸爸媽媽的人際關係很好,
我的朋友都很喜歡我的爸爸媽媽。

我出門在外的時候, 我的思考都特別的清晰。

然後我的客戶, 對我們公司也很支持, 外格是
客戶, 天格是公司, 就是我的客戶對我的公司也是
很支持。

# 第 18、外格生人格的含義

| | 1 | |
|---|---|---|
| | 方 4 | 5 土<br>天格 |
| 12 土<br>外格 | 麗 19 | 23 火<br>人格 |
| | 珠 11 | 30 水<br>地格 |
| | 34 火<br>總格 | |

生是代表：
付出、照顧、
奉獻。

## 外格生人格

外格生人格就是我的人緣很好,我的人際關係很好,朋友喜歡幫助我,我的貴人很多,然後朋友很喜歡來找我,然後我適合出外去讀書、求學,或者是工作。我的人緣很好,就是貴人運比較好。

## 第 19、外格生地格的含義

| | | |
|---|---|---|
| | 1 | |
| | 彭 12 | 13 火<br>天格 |
| 12 木<br>外格 | 大 3 | 15 土<br>人格 |
| | 海 11 | 14 火<br>地格 |
| | 26 土<br>總格 | |

生是代表：
付出、照顧、
奉獻。

### 外格生地格

外格生地格，就是我的老婆人緣很好，我的小朋友人緣好，老婆的外出運好，小朋友的外出運好。

我出門在外的時候才會比較好命。因為地格是我的感性，我的動作、行為。外格要生地格，代表地格不要動，我在外面比較不用勞動，比較有人幫我服務。

# 第 20、外格生總格的含義

| | 1 | |
|---|---|---|
| | 林 8 | 9 水<br>天格 |
| 15 土<br>外格 | 石 5 | 13 火<br>人格 |
| | 獅 14 | 19 水<br>地格 |
| | 27 金<br>總格 | |

生是代表：
付出、照顧、
奉獻。

## 外格生總格

外格生總格是不錯，就是朋友跟環境會來幫助我的事業，這種是很容易賺時機財，環境的時機，機會財，就是環境財，譬如說現在食品有塑化劑很嚴重，現在適合做水果的行業，賣天然的水果行業，這個就是環境造成，這就是外格生總格。

然後我在工作上的人緣不錯，我的外出運不錯。因為這是事業（在總格），外格來生總格，所以這個也是可以去外地工作。然後我的岳父岳母人際關係不錯。

## 第 21、天格剋人格的含義

| | | |
|---|---|---|
| | 1 | |
| | 孫 10 | 11 木<br>天格 |
| 12 木<br>外格 | 安 6 | 16 土<br>人格 |
| | 邦 11 | 17 金<br>地格 |
| | 27 金<br>總格 | |

剋就是：控制、磨練、破壞。

### 天格剋人格

天格剋人格，就是上司來控制我，長輩、父母親來控制我，思考來控制我，丈夫來控制我。

天格剋人格,上司來利用我,上司來控制我,上司要來控制我,代表說你的上司會管你,會管得比較多,會給你很多的要求跟訓練,那要利用你,要從你身上得到好處,因為上司利用你是正常不然他不會請你來工作,所以這種一剋也有磨練的味道。所以上司比較會磨練你、訓練你,會交代一些比較重要的任務給你,這樣你就會有壓力。

　　長輩、父母會控制我,這一種控制其實是要給你一些規範也是為你好,希望你能夠成長,當然父母會控制你,這種「控制」的概念只是希望你更好或是希望你成才,希望你能夠成長茁壯。

　　思考來控制我,這個時候我們人是被動的,你如果被思考控制住的時候,代表說你的思緒並不是很清晰,很多觀念,你會鑽牛角尖,就是因為你的思考是被剋住。

　　丈夫來控制我(已經結婚的女生),丈夫會管我很多,譬如說管我不要太會花錢之類的等等,老公會管很多。

## 第 22、天格剋地格的含義

| | 1 | |
|---|---|---|
| | 李 7 | 8 金 天格 |
| 8 金 外格 | 友 4 | 11 木 人格 |
| | 志 7 | 11 木 地格 |
| | 18 金 總格 | |

剋就是：控制、磨練、破壞。

### 天格剋地格

天格剋地格，就是我的爸爸媽媽對我管教小孩子的方式有意見，或者是爸爸媽媽對我的老婆有意見。

天格剋地格，我的小孩子跟我的爸爸媽媽（爺爺奶奶）有代溝，譬如說是爸爸媽媽對我管教小孩子的方式有意見，或者是爸爸媽媽對我的老婆有意見，就可能是婆媳不和的問題。

在來我的想法會影響到我的腳, 腳是代表我作事的方法（就是行為）, 這代表說我的想法不容易實現, 就是想完了也不容易去做, 就是剋到腳（行為、行動力）的意思。

我在管理部屬員工方面, 我的上司對我的管理方式有意見。

## 第 23、天格剋外格的含義

| | 1 | |
|---|---|---|
| | 尤 4 | 5 土 天格 |
| 19 水 外格 | 恆 10 | 14 火 人格 |
| | 豐 18 | 28 金 地格 |
| | 32 木 總格 | |

剋就是：
控制、磨練、破壞。

## 天格剋外格

天格剋外格，就是我的爸爸媽媽對我交的朋友會有意見。我的爸爸媽媽很反對我出外讀書、求學、工作類似這樣。就是我出門在外，我的爸爸媽媽比較會管我的行為舉止。

在工作上的話，我的主管比較不會派給我外調的機會。大原則天格當作主管、當父母、當我的思想。外格就是外在的環境跟朋友。

## 第 24、天格剋總格的含義

| | 1 | |
|---|---|---|
| | 楊 13 | 14 火 天格 |
| 16 土 外格 | 俊 9 | 22 木 人格 |
| | 賢 15 | 24 火 地格 |
| | 37 金 總格 | |

剋就是：
控制、
磨練、
破壞。

## 天格剋總格

天格剋總格,總格就是我的事業,就是爸爸媽媽對我的工作比較多意見,比較容易干涉。然後爸爸媽媽對我的理財觀有意見。(因為總格有理財的味道)。

在來總格可以當做配偶(老婆)的爸爸媽媽,(這個大家可以去印證)。還是我的爸爸媽媽跟我老婆的爸爸媽媽,在溝通上有點代溝,兩邊的觀念可能有點不太一樣。

在來就是我比較習慣用思考(頭腦)去處理工作有關的事情,(因為剋是一種控制),所以我就用思考去控制我的工作(在工作上要做一個進度才願意停止)。


總格是代表著人生觀、金錢觀彼此之間的關係。我會用我的思考去控制著我的金錢觀,就是我花錢會事先規劃好。

爸爸媽媽對我的人生喜歡干涉,這個最明顯其實的是在我們小的時候,譬如說讀書唸書要讀那一

所學校，讀什麼科系等等，爸爸媽媽會很喜歡給意見，會影響到我們的人生觀。

## 第 25、人格剋天格的含義

| | 1 | |
| --- | --- | --- |
| | 賴 16 | 17 金 天格 |
| 2 木 外格 | 虎 8 | 24 火 人格 |
| | 1 | 9 水 地格 |
| | 24 火 總格 | |

剋就是：控制、磨練、破壞。

### 人格剋天格

人格剋天格，就是我去利用上司，我去控制上司。這種人，他對上面的人，主導性很強，他可能有很多的意見，希望上司能替他爭取些什麼東西，他有話就很直接明白的講，當然也有欺負的含意，他

也會磨練他的上司，他希望他上司能夠更好，所以有時候是很直接。

　　因為「剋」是比較直接的，我去控制長輩，我去控制爸爸媽媽。這種命格的人，他的爸爸媽媽、長輩都要管。現在的小孩很多是這種格局，小孩都會管爸爸媽媽，譬如說管爸爸媽媽什麼時候回家，管爸爸媽媽開車會不會闖紅燈，開車會不會開的太快。爸爸媽媽會抽菸，小孩就希望爸爸媽媽戒菸，這種小孩很容易會去管，會去控制，就是管他的爸爸媽媽，生到這種小孩，爸爸媽媽要做好的模範，因為小孩是會來控制你，會來規範你。

　　我去控制我的思考，我去利用我的思考，我去利用我的思考是要獲利，利用就是獲利的意思，這種人他在思考上他是比較靈活的，因為他掌控他的思緒，「掌控：就是我想的時候就去想，我不想的時候就不去想」。這種人就比較實際，很少去鑽牛角尖以及去想一些天馬行空的事，他就是實際的命格，很務實，有時候會讓人家感覺比較勢利一點，這是在所難免，但大原則是好。

若以女生來說，就是比較會管老公，嚴重一點就會欺負老公，就是有點瞧不起老公的命格，會有這種狀態發生。如果是人格剋天格的女生擇偶就很重要，因為這種命格很容易找到能力不太強的老公，所以就會比較瞧不起自己的老公，或者喜歡去控制以及壓抑老公的成就，這樣也不是很好的事情。

## 第 26、人格剋地格的含義

| | | |
|---|---|---|
| | 1 | |
| | 吳 7 | 8 金 天格 |
| 2 木 外格 | 勇 9 | 16 土 人格 |
| | 1 | 10 水 地格 |
| | 16 土 總格 | |

剋就是：
控制、磨練、破壞。

## 人格剋地格

　　人格剋地格，就是我會去控制我的子女，這個是管教子女會比較嚴格一點，是屬於嚴父嚴母的格局。

　　我去利用部屬，這個是天經地義的事，我管理部屬也會比較嚴格，比較強勢一點。

　　我去控制我的行為，這種人很明顯，我自己可以決定，我要做什麼事情，這種人是很實際又務實的格局，有好處的事情他才會做，沒有好處的事情比較少做。

　　在來我會去控制跟利用我的感情，這種感情原則上是指「男女朋友」，這種的命格是會管男女朋友管很多。在來就是比較不好一點，會利用男女朋友來賺錢，社會上有一些負面的新聞偶爾會看到，但是比較少。

我會去控制老婆，這就是老公管老婆很嚴格，有時候會有比較負面的情況發生，就是會有虐妻的問題，家暴這種的情形很容易發生。

## 第 27、人格剋外格的含義

| | 1 | |
|---|---|---|
| | 陳 16 | 17 金 天格 |
| 5 土 外格 | 慧 15 | 31 木 人格 |
| | 心 4 | 19 水 地格 |
| | 35 土 總格 | |

剋就是：
控制、磨練、
破壞。

人格剋外格

人格剋外格就是我很喜歡替朋友出意見，我會干涉朋友的事情，這是有點雞婆的傾向。在來就是

我交朋友會帶有一些現實的想法。一般來說對我的人生比較沒有益處的朋友來往會變少, 就會比較實際、務實, 因為是人格剋外格。

## 第 28、人格剋總格的含義

| | | |
|---|---|---|
| | 1 | |
| | 潘 16 | 17 金 天格 |
| 16 土 外格 | 千 3 | 19 水 人格 |
| | 慧 15 | 18 金 地格 |
| | 34 火 總格 | |

剋就是：
控制、磨練、
破壞。

**人格剋總格**

人格剋總格，就是我想要戰勝命運, 我不想屈服於命運。簡單的說，我要自己掌握自己的人生，我要掌握自己的命運，不讓命運來掌控我的人。

所以我要戰勝命運，我要突破我的命格，這是人格剋總格。

人格剋總格如果沒有掌控到錢會有不安全感，有錢的時候比較感受不到，沒錢的時候最容易感受到。

## 第 29、地格剋天格的含義

| | | |
|---|---|---|
| | 1 | |
| | 李 7 | 8 金<br>天格 |
| 17 金<br>外格 | 金 8 | 15 土<br>人格 |
| | 樹 16 | 24 火<br>地格 |
| | 31 木<br>總格 | |

剋就是：
控制、磨練、
破壞。

## 地格剋天格

　　地格剋天格,就是我的腳（腳代表行為）會打我的頭（頭代表想法、思考）,這是什麼含義,地格剋天格的人,很奇怪就是他會跟自己過不去。譬如說什麼,他會突然生氣（他也不知道為什麼）,但是控制不了,還是說睡覺前要確認瓦斯有沒有關好,要確認好幾次,天格也代表記憶力,天格被剋住之後記憶力會變差,你就會覺得到底我剛才有沒有去把瓦斯關好,類似這種情形。

　　地格剋天格是精神上,類似強迫症。譬如說要出門的時候,鑰匙有沒有帶要確認好幾次。還是說門有沒有關好,要確認好幾次,類似這種的情形,這是屬於精神上。

　　在來就是老婆對爸爸媽媽有意見,小孩子對爺爺奶奶有意見。

　　如果是以女生的命格來說,就是小孩子對爸爸有意見,就等於是父子關係不好之類。

　在來就是,做一件事情的時候沒辦法分析。因為他的行為控制他的腦袋。所以他在做一件事情的時候,沒空去想其他的事情。

## 第 30、地格剋人格的含義

| | 1 | |
|---|---|---|
| | 陳 16 | 17 金 天格 |
| 12 木 外格 | 添 12 | 28 金 人格 |
| | 彬 11 | 23 火 地格 |
| | 39 水 總格 | |

剋就是：
控制、磨練、
破壞。

### 地格剋人格

地格剋人格，就是子女會來控制我、欺負我。比較好一點就是小孩很會管你，不好的就是生到「逆子」。就是小孩比較會跟你唱反調，不聽從管教，甚至比爸爸媽媽更凶悍的也有。

部屬來控制我，來欺負我，這種人他要帶部屬是不容易，因為主導權在部屬身上，這種人當主管的是很辛苦，會被部屬、屬下拖著走。

「好一點就是部屬要來利用我,代表我有利用的價值;表示我本身能力還不錯,所以部屬要來利用我,是要跟著我。前題是,在於我到底能力強不強,但是你要知道,就算是你的能力在強,這種的部屬帶起來也是很累」。

行為會來控制我,這種人他是被行為控制住,他就容易得到所謂的強迫症,強迫症就是說有些行為,你是不由自主的你會做,沒有辦法控制。譬如說像煙癮、像賭博,還是說像有些人是電視強迫症,他在看電視是沒有辦法停止會一直看,這種是很容易發生。

在來這種人也不能夠污染上一些不好的習慣,要不然是不容易改掉,譬如說像賭癮、酗酒之類,再嚴重一點就是會喜歡打架,這種的格局如果養成了就很難改,因為種人是被行為所控制住,不是很好。
在來是被男女朋友控制住,就是交往的對象比較強勢、主觀、有主見,會影響到我。

　　若以男生來講就是太太很強勢，太太會影響我，嚴重一點太太會欺負我（譬如說在言語上的欺負），這種也是很容易怕老婆的格局。所以「剋」有利用、控制、欺負和磨練的概念。

## 第 31、地格剋外格的含義

| | 1 | |
|---|---|---|
| | 金 8 | 9 水 天格 |
| 2 木 外格 | 戰 16 | 24 火 人格 |
| | 1 | 17 金 地格 |
| 24 火 總格 | | |

剋就是：控制、磨練、破壞。

**地格剋外格**

　　地格剋外格，就是老婆對我的交友有意見，老婆不喜歡我往外跑（因為地格代表行為），我常常因為家裡的事情（地格代表家庭），影響到我的交

友情形。

　　我容易因為家人或感情的因素而取消了外出的行程。譬如說我想出國遊學，男朋友反對,類似這種的情形，這也是蠻常遇到。

## 第 32、地格剋總格的含義

| | 1 | |
|---|---|---|
| | 廖 14 | 15 土 天格 |
| 10 水 外格 | 文 4 | 18 金 人格 |
| | 星 9 | 13 火 地格 |
| | 27 金 總格 | |

剋就是：
控制、磨練、
破壞。

### 地格剋總格

　　地格剋總格就是老婆對我的事業有意見，然後老婆會干涉我的工作,老婆對我花錢的態度有意見,老婆也會干涉我的花錢的行為。

**89**

在來我很容易因為家人而破財，因為地格把總格給剋破了，我也容易為了家裡花錢，尤其是為了小孩花錢（譬如說像是教育費、註冊費）。

這種情況，絕對不能給小孩創業，會很麻煩。

地格剋總格很容易衝動花錢，因為行為就是感性(地格是行為)，感性來花錢。

## 第 33、總格剋天格的含義

| | 1 | |
|---|---|---|
| | 許 11 | 12 木 天格 |
| 3 火 外格 | 丙 5 | 16 土 人格 |
| | 丁 2 | 7 金 地格 |
| | 18 金 總格 | |

**剋就是：控制、磨練、破壞。**

## 總格剋天格

　　總格剋天格，先從「人」的角度來說，就是我的岳父岳母對我的爸爸媽媽有意見。

　　在來就是我在工作的時候，比較沒有辦法思考。我的工作會造成我爸爸媽媽的壓力，因為是總格剋天格。然後在來就是我的事業好的時候，爸爸媽媽的身體會比較差，這兩者會起互相的影響。

## 第 34、總格剋人格的含義

| | | |
|---|---|---|
| | 1 | |
| | 彭 12 | 13 火 天格 |
| 8 金 外格 | 建 9 | 21 木 人格 |
| | 宏 7 | 16 土 地格 |
| | 28 金 總格 | |

剋就是：
控制、磨練、
破壞。

## 總格剋人格

總格剋人格，就是我常被迫要努力工作（被剋），我常常覺得身不由己，我的人生觀比較悲觀，因為我被命運剋住了。

這種人就是常常覺得人生壓力重重，常常會有錢的壓力，無論是有錢或沒錢的時候，就算當我有很多錢,也會覺得錢不夠。在來就是我的岳父岳母對我會有一點意見。

## 第 35、總格剋地格的含義

| | 1 | |
|---|---|---|
| | 劉 15 | 16 土 天格 |
| 15 土 外格 | 天 4 | 19 水 人格 |
| | 福 14 | 18 金 地格 |
| | 33 金 總格 | |

剋就是：控制、磨練、破壞。

## 總格剋地格

　　總格可以代表配偶（老婆）的爸爸媽媽（也就是岳父岳母）。所以岳父岳母會管我老婆很多事情。岳父岳母對我的老婆有意見，很容易干涉她的行為。

　　因為總格代表錢財，所以我的老婆財運不是很好。

　　總格也代表人生觀，代表我的老婆她的人生不輕鬆，比較悲觀。

　　因為地格也代表小孩、子女，所以我的孩子也會有以上這種的情況，人生容易比較有壓力。

## 第 36、總格剋外格的含義

| | 1 | |
|---|---|---|
| | 邱 12 | 13 火 天格 |
| 13 火 外格 | 有 6 | 18 金 人格 |
| | 順 12 | 18 金 地格 |
| | 30 水 總格 | |

剋就是：控制、磨練、破壞。

**總格剋外格**

　　總格剋外格，就是我常因為工作的關係，沒有辦法出去交朋友。我也容易因為工作的關係,可能沒有辦法跑太遠出門在外。

在來就是我的岳父岳母對我的人際關係有意見。但這個，在現實的情況比較少，基本上他們不會管這麼多，一般可以不用這樣做聯想。

然後就是我對朋友不是很大方，因為我的錢財會剋到我的朋友，有可能是我為了不想花錢就不想出門，類似這樣。

## 第 37、外格剋天格的含義

| | 1 | |
|---|---|---|
| | 楊 13 | 14 火 天格 |
| 10 水 外格 | 愛 13 | 26 土 人格 |
| | 眉 9 | 22 木 地格 |
| | 35 土 總格 | |

剋就是：
控制、磨練、破壞。

## 總格剋天格

外格剋天格，就是我出外的時候，我的腦袋會空白，外出會影響到我的思考，所以我在外面是不容易專心。外格剋天格，是我的思緒容易受到朋友的影響，還是容易受環境地點不同的影響。

還有我的爸爸媽媽人際關係比較不好，容易被人家拖累。外格剋天格，爸爸媽媽不喜歡出門，我的朋友對我的爸爸媽媽有意見。這個一般人是不太會有，但是有這個含意在，這就是外格剋天格。

# 第 38、外格剋人格的含義

| | 1 | |
|---|---|---|
| | 陳 16 | 17 金 天格 |
| 21 木 外格 | 家 10 | 26 土 人格 |
| | 寶 20 | 30 水 地格 |
| 46 土 總格 | | |

剋就是：
控制、磨練、
破壞。

## 外格剋人格

外格剋人格，就是代表我外出會傷害到我,原則上這種命格的人，出外去發展並不是很好,因為出外會傷害到我。

在來朋友很容易影響到我,朋友會剋到我,（剋有控制的意思）因為朋友會來控制我,代表說我可

能會被朋友影響到,外格剋人格的人,交到壞朋友就很麻煩。

外格剋人格的話,我的人際關係跟出外運就沒有這麼的順遂,因為出去外面發展,出外會傷害到我。在來我的外出運和人際關係,朋友就會找我麻煩、欺負我,剋到我(因為剋有控制的含意),也容易被朋友所影響。一般這種外格剋人格的人,交朋友要小心謹慎,因為如果交到不好的朋友就很麻煩。

## 第 39、外格剋地格的含義

| | | |
|---|---|---|
| | 1 | |
| | 周 8 | 9 水 天格 |
| 8 金 外格 | 功 5 | 13 火 人格 |
| | 成 7 | 12 木 地格 |
| | 20 水 總格 | |

剋就是:
控制、磨練、
破壞。

## 外格剋地格

外格剋地格，就是我出門在外會影響到我的活動力，譬如說我可能在不同的環境，我的活動力是不同。有些環境我不想動，有些環境我可能好動。

然後就是我的朋友對我的交友有意見，就是會管我跟誰交往或是不希望跟誰往來。

我的朋友對我的老婆或是小孩有意見，類似這樣。然後我的老婆人際關係不好，或者是外出運不好。我的小孩子，外出運不好以及人際關係不好。

## 第 40、外格剋總格的含義

| | 1 | |
|---|---|---|
| | 王 4 | 5 土<br>天格 |
| 13 火<br>外格 | 富 12 | 16 土<br>人格 |
| | 貴 12 | 24 火<br>地格 |
| | 28 金<br>總格 | |

剋就是：控制、
磨練、破壞。

### 外格剋總格

外格剋總格，就是我的朋友會干涉我的事業，朋友對我的事業會有影響，朋友對我的事業有意見，朋友會傷到我的錢財，像這種情形就不能跟朋友合夥做事業。我的朋友會影響到我的人生觀。

我不適合出外工作，因為我的總格被剋到了，就不適合到外地工作，當然也不適合往外地發展。譬如說要到大陸去工作發展之類。

# 第 41、人格比和天格的含義

| | 1 | |
|---|---|---|
| | 王 4 | 5 土 天格 |
| 8 金 外格 | 勝 12 | 16 土 人格 |
| | 男 7 | 19 水 地格 |
| | 23 火 總格 | |

平就是平等
對待，平起平
坐的意思。

## （人格比和天格）等同於（天格比和人格）

「比和」就是『平』，平；就是平等對待的意思，
要不然就是平起平坐的意思。

天格和人格是比和，就是我跟上司是平等對待，這
是什麼含義，往好的解釋就是我把上司當朋友，大
家容易打成一片比較沒有長官跟部屬的隔合，比較
能夠交心，就是平等對待。

從不好的解釋就是我跟上司沒大沒小，我沒有把上司當上司看，這就是變成比較不好的就是沒大沒小的意思。

這一種的命格出來會傾向看「個人」要怎麼做，所謂的「平」就是平起平坐。就是你怎麼對我，我就怎麼對你。假設他對上司很好，上司就會對他很好，他把上司當朋友，上司就把他當朋友，他對上司如果沒大沒小，上司就會修理他。

相同，我跟長輩、爸爸媽媽平起平坐，這一種小孩也不好帶，因為小孩不會把爸爸媽媽當爸爸媽媽，你就必須要把小孩當做朋友來帶會比較好。

我跟思考平起平坐，代表說我只要肯想事情，我就會想到答案，我不想事情當然不會有答案；「平」就是我去付出才會有收穫。

以女生來說就是我跟老公是平等對待，夫妻倆就比較不會有什麼「男主外，女主內」的觀念，在來就是她如果對老公不錯，老公也會對她很好，她如果對老公比較沒大沒小，老公可能就不會對她太好。

「平（比和）的格局」就要看你怎麼做；比和的格局是比較有彈性。

比和的格局最怕是不尊重長上，你尊重長上就會沒有機會升遷，上面的上司、長官就會不尊重你，你就沒有機會升遷。

在來是女生如果用男生的名字，會比較勞碌辛苦扛責任，也會跟男人比較，不服輸的個性。

## 第 42、人格比和地格的含義

| | | |
|---|---|---|
| | 1 | |
| | 蔡 17 | 18 金 天格 |
| 8 金 外格 | 浩 11 | 28 金 人格 |
| | 志 7 | 18 金 地格 |
| | 35 土 總格 | |

平就是平等對待，平起平坐的意思。

## （人格比和地格）等同於（地格比和人格）

人格跟地格比和，就是我跟子女是平等對待，這種人也不容易管小孩子，因為他把小孩當朋友，他給小孩的教育可能是走美式的風格，就是跟小孩子之間比較沒有隔合，有時候小孩就會比較沒大沒小。

我跟部屬的相處關係也可以像朋友一樣，所以我的部屬也會跟我沒大沒小，我可能要走的是團隊

（體）戰，階級太明顯的團體，我可能帶起來就很累，原因是下面的人不好管。

　　我跟行為是平等對待，我有做行為就會出來，我沒有做行為就不會出來。

　　在感情上就是男女朋友在交往上是平等對待，所以我對我女朋友好，女朋友就會對我好。

我對老婆好，老婆也會對我付出跟回饋。

## 第 43、人格比和外格的含義

| | | |
|---|---|---|
| | 1 | |
| | 王 4 | 5土 天格 |
| 5土 外格 | 勝 12 | 16土 人格 |
| | 天 4 | 16土 地格 |
| | 20水 總格 | |

平就是平等對待，平起平坐的意思。

## （人格比和外格）等同於（外格比和人格）

外格代表外面的朋友或者是出外的人際關係。
人格跟外格是比和，換句話說我跟朋友是講求平等
的對待，你有挺過我，我就會挺你。

你害過我，我一定會報仇，這個也叫比和，這就
是比和的概念。這種格局的人。他會跟朋友分的很
清楚，什麼是好朋友，什麼是壞朋友。譬如說你對我
不好不壞，彼此也沒有什麼交集，他就不會對你特
別好，也不會對你特別壞，這就是平等。所以當外
面的人對他好的時候，他就會去感恩圖報，當外面
的人如果對他落井下石的時候，他將來有機會一定
會復仇，這就是平、比和的概念。

## 第 44、人格比和總格的含義

| | 1 | |
|---|---|---|
| | 李 7 | 8 金 天格 |
| 11 木 外格 | 維 14 | 21 木 人格 |
| | 倫 10 | 24 火 地格 |
| | 31 木 總格 | |

平就是平等對待，平起坐的意思。

## （人格比和總格）等同於（總格比和人格）

　　人格和總格比和, 比和就是平的狀況, 總格如果不太會用的話, 我們可以當做「事業」來看。

　　就是我跟事業是平起平坐的意思, 代表說我在工作上有付出, 我的事業就有收穫, 也就會有事業的局面。因為我付出了, 事業就會給我。所以我在工作事業上，有做就會有所得的格局, 其實是還不錯, 在工作事業上有做就有賺。

## 第 45、天格比和地格的含義

| | | |
|---|---|---|
| | 1 | |
| | 杜 7 | 8 金 天格 |
| 13 火 外格 | 世 5 | 12 木 人格 |
| | 雄 12 | 17 金 地格 |
| | 24 火 總格 | |

平就是平等對待，平起平坐的意思。

## （天格比和地格）等同於（地格比和天格）

天格比和地格，就是我的想法跟我的行為是同步，我想法(頭腦)跟腳(行為)是一致。所以我是劍及履及的人，想到就做，我的想法跟行為是同步。

然後我的父母親跟我的老婆或是小孩子像朋友一樣，比較沒有長輩的作風(相處跟朋友一樣)，就是沒有輩份的分別，常常玩在一起。

地格比和天格，通常看到的是孫子對爺爺奶奶沒大沒小是最常遇到，還是說老婆對爸爸媽媽沒大沒小（講話沒禮貌），這個比較常見，就是負面比較容易多一些。

以女生來說，妳的兒子跟他的爸爸個性很相，這就是同步的效果，這是比和裡面的一個特色。

## 第 46、天格比和外格的含義

| | 1 | |
|---|---|---|
| | 蔡 17 | 18 金<br>天格 |
| 18 金<br>外格 | 月 4 | 21 木<br>人格 |
| | 霞 17 | 21 木<br>地格 |
| | 38 金<br>總格 | |

平就是平等對待，平起平的意思。

（天格比和外格）等同於（外格比和天格）

　天格跟外格比和，就是代表說我的父母親跟我的朋友可以玩在一起，比較沒有隔和的感覺。

　然後爸爸媽媽的人際關係也不錯，這是外格（也代表人際關係、人緣）與天格比和。

## 第 47、天格比和總格的含義

| | 1 | |
|---|---|---|
| | 金 8 | 9 水 天格 |
| 15 土 外格 | 居 8 | 16 土 人格 |
| | 福 14 | 22 木 地格 |
| | 30 水 總格 | |

平就是平等對待，平起平坐的意思。

## （天格比和總格）等同於（總格比和天格）

天格比和總格，就是我的父母親跟我的岳父岳母之間，就像是好朋友一樣談得來、聊得來，然後互有來往。

在來就是我的事業，我想要創業的時候，父母親會支持。然後爸爸媽媽的人生觀是一步一腳印。

因為總格是代表人生觀，也是代表每一個人的「人生觀」。

天格是代表父母親，因為（天格跟總格是比和）兩個是同步，所以父母親跟他的人生觀是同步，這種人比較踏實，就是一步一腳印。

## 第 48、地格跟總格比和的含義

| | 1 | |
|---|---|---|
| | 徐 10 | 11 木 天格 |
| 5 土 外格 | 義 13 | 13 火 人格 |
| | 夫 4 | 17 金 地格 |
| | 27 金 總格 | |

平就是平等對待，平起平坐的意思。

**（地格跟總格比和）等同於（總格比和地格）**

地格比和總格，可以看老婆跟她爸爸媽媽（岳父岳母）的相處跟互動，所以老婆跟她的爸爸媽媽的相處關係，比較容易沒大沒小，或是說她們的相處就像朋友一樣，比較沒有親子關係（輩份）之分。我的老婆會聽她爸爸媽媽的話。

# 第 49、地格比和外格的含義

| | 1 | |
|---|---|---|
| | 石 5 | 6 土<br>天格 |
| 9 水<br>外格 | 國 11 | 16 土<br>人格 |
| | 忠 8 | 9 水<br>地格 |
| | 24 火<br>總格 | |

平就是平等對待，平起平坐意思。

## （地格比和外格）等同於（外格比和地格）

地格跟外格比和，譬如說假設，我的老婆跟她的朋友很好就會一起外出，相對的她的朋友也找她一起外出。譬如說妳到我家來玩，下次我到妳去家拜訪，就是互有往來。比和就是你怎麼對我，我怎麼對待你。因為「比和包含相生、相剋」的情形都會有。

我的小孩跟他的朋友很好就會一起外出，相對的他的朋友也找他一起外出，朋友到我家來玩，下次我去朋友家玩，互有往來，這就是比和。

## 第 50、總格比和外格的含義

| | 1 | |
| | 林 8 | 9 水<br>天格 |
| 13 火<br>外格 | 文 4 | 12 木<br>人格 |
| | 傑 12 | 16 水<br>地格 |
| | 24 火<br>總格 | |

平就是平等對待，平起平坐的意思。

## （總格比和外格）等同於（外格比和總格）

總格跟外格比和，譬如說假設，就是我會拿錢幫助朋友的事業，相對的我的工作事業需要朋友幫忙的時候，朋友也會義不容辭的來幫助你的事業，所謂的比和就是你幫過我，我就會幫助你。

一般來說兩格互動在論「生、剋、平」的時候，我們會以『人格對天格、人格對地格、人格對外格、人格對總格』為主體，其他的如天格對外格、外格對地格、總格對天格、天格對地格為次之，為什麼，以上舉了五十個例子說明，大家不妨動動腦思考一下，然而『人格對天格、人格對地格、人格對外格、人格對總格』這四組都是與人格相對應，跟我們的生活息息相關。

　　譬如說以「人格對天格」來講好了，我們以很生活化的方式來表達；我們每天要上班賺錢，每天面對的就是我們的上司主管，我們與上司的關係。在來是下班回家，如果兩代或三代同堂，天格又代表長輩，代表你跟長輩的互動關係。如果還在唸書的代表你跟師長的關係互動是否良好。

　　在來是「人格對地格」，就是你跟家人小孩、老婆相處互動關係。跟好朋友的互動關係。在公司當主管的就是跟部屬的互動關係。

　　在過來是「人格對總格」，總格代表我們的事業、工作，我們在事業工作上是否順心順利，是否有賺錢，相對的也影響到我們的人生觀以及福報。

　　在來「人格對外格」是代表我們的朋友、人際關係，以及出外運好不好，有一句俗話說「在家靠父母，出外靠朋友」，所以說我們的出外運以及人際關係，就是外在的善緣是多麼的重要。

　　所以我們在論斷的時候以『人格對天格、人格對地格、人格對外格、人格對總格』這是四個為主體，比較貼近在我們的日常生活中。譬如說與其他格的對應，好比說『天格對外格或是外格對地格』生、剋、平的論斷，我們在跟客戶論斷的時候，說不一定客戶他還要想一下有沒有這種的情形跟現象，就會顯得沒有這麼貼切，這是我跟人家論斷的經驗跟大家分享。

☞進階篇：

# 第一章　介紹姓名中 『三格以上互動』 的論斷說明。

　　以上我們都是算都是兩格的互動, 譬如說, 外格來剋人格, 朋友會來影響到我。可是有時候, 我們在算的時候, 我們可以不只是看兩格的互動, 我們可以可以看三格以上互動。譬如說假設以下這個人的例子？

（圖1）

| 11 木<br>外格<br>（朋友） | 1<br><br>杜 7 | 8 金<br>天格<br>（父母親） |
|---|---|---|
| | 俊 9 | 16 土人格<br>（我自己） |
| | 宸 10 | 19 水<br>地格<br>我（自己） |
| | 26 土<br>總格 | |

譬如說我們舉例看這個人的（外格11木）來剋（人格16土），表示朋友會來影響我。可是（天格8金）會去剋（外格11木），代表我的父母親對我的朋友是不太喜歡。因為父母親要控制我的交友狀況。因為我是人格（16土）生天格（8金），我是孝順會聽父母親的話，有沒有，我們就可以看圖說故事了（圖1）。

譬如說我的父母親不喜歡我的朋友，因為朋友會帶壞我，因為我很孝順，所以我的思考告訴我自己，要遠離不好的朋友。這樣也是個循環（圖1所示）。

或者是說地格（19水）生外格（11木），我的小孩子很喜歡往外跑去找朋友，這件事情剋到我，（外格11木剋到人格16土）讓我很不愉快，我就更會去管我的小孩子，不讓他們出去。我的小孩子更會想要偷溜出去，這樣也是一個循環（圖2所示）。

（圖2）

| 11 木<br>外格<br>（外面） | 1<br><br>杜 7 | 8 金<br>天格 |
| | 俊 9 | 16 土<br>人格<br>我（自己） |
| | 宸 10 | 19 水<br>地格<br>（小孩子） |
| | 26 土<br>總格 | |

　　所以我們用兩個格或三個格來解釋的時候，他就會有因果的關係跑出來，我們就可以看圖說故事，可以說到別人的心坎裏面，因為拆開來論是過程，最後一定是合在一起論。

（圖3）

| | 1 | 8 金 |
| | 杜 7 | 天格 |
| 11 木<br>外格<br>（朋友） | 俊 9 | 16 土<br>人格<br>我(自己) |
| | 宸 10 | 19 水<br>地格<br>（老婆） |
| | 26 土<br>總格<br>（代表事業） | |

　　譬如說他的事業是人格跟總格是比和的（人格16土和地格26土），我的事業有付出就會有收穫。

　　在來朋友(外格11木)會來影響到我(外格11木尅人格16土)，朋友(外格11木)也會影響到我的工作(外格11木尅總格26土)。

因為朋友影響到我的工作（外格11木剋總格26土），就影響到我（外格11木剋人格16土）。朋友影響到我的工作不好的時候（因為外格11木剋總格26土）。我的工作會被朋友影響到，就會造成我老婆的壓力（總格26土剋地格19水）（圖3所示）。

我的老婆可能又往外跑，因為家裡面的壓力太大，我的老婆就喜歡往外跑（地格19水生外格11木）。我的老婆就喜歡往外跑，又造成我的不開心，因為如果我要出外找我的老婆，我會找不到我的老婆（因為外格11木剋我人格16土，不利於我找老婆）。因為老婆在地格是19水，外格是11木，所以是地格19水生外格11木。所以我的老婆有壓力不開心，我的老婆就喜歡往外跑，我就找不到我老婆（因為出外不利於我）。是不是又是一個循環。

（圖4）

| 11 木<br>外格<br>（外面） | 1 | 8 金<br>天格 |
| | 杜 7 | |
| | 俊 9 | 16 土<br>人格<br>我（自己） |
| | 宸 10 | 19 水<br>地格<br>（老婆） |
| | 26 土<br>總格<br>（代表事業） | |

　　所以我們在算名字的時候，我們就可以問客戶，看他要問什麼問題，譬如說假設杜俊宸先生問的是婚姻生活；我們可以這樣子說，老公會給老婆壓力（人格16土剋地格19水），譬如說老公嫌老婆花錢不節制，老公唸了老婆兩句，老婆生氣就往外走。在譬如說，夫婦相處溝通不良（有溝不會通），老公太強勢，老婆生氣不理老公，類似這種的情形。　　（圖4所示）

還有一種情形就是，老公如果對老婆不好，老婆會跟公公婆婆講，公公婆婆會唸我的老公，因為我的老公是（人格16土會生天格8金），會聽他父母親的話也是孝順。是不是讓老婆扳回一局，在來就是天格生地格，一般我們說的婆媳問題，天格(8金)生地格(19水)，所以婆媳相處是愉快，畢竟是天格(8金)生地格(19水)，關心關愛是比較多（圖5所示）。

（圖5）

| | 1 | 8 金 |
| 11 木<br>外格 | 杜 7 | 天格<br>（父母親） |
| | 俊 9 | 16 土<br>人格<br>我（自己） |
| | 宸 10 | 19 水<br>地格<br>（老婆） |
| | 26 土<br>總格 | |

在譬如說，他問的是小孩的問題，我們可以說他的小孩很喜歡往外跑（地格19水生外格11木），我們就要去看他的小孩壓力從那裡來。爸爸的人格（16土）去剋地格（19水），代表說爸爸會造成小孩的壓力，譬如說是爸爸的管教方式會造成小孩的壓力。

（圖6）

| | 1 | 8 金 |
| --- | --- | --- |
| 11 木<br>外格 | 杜 7 | 天格<br>我（自己） |
| | 俊 9 | 16 土<br>人格<br>（小孩子） |
| | 宸 10 | 19 水<br>地格 |
| | 26 土<br>總格<br>（代表小孩子的課業） | |

在來一個就是總格(16土)去剋到地格(19水)，總格代表事業，對小孩來講事業就是他的學業，所以學業讓小孩有壓力。譬如說小孩的功課不會寫，考試考不好，做爸爸的看了就很生氣，就會想要管小孩，對小孩有所規範，小孩承受不了爸爸管教與壓力，小孩就會喜歡往外跑(因為地格19水生外格11木)，爸爸又管不了小孩(圖6所示)

（圖7）

| | | |
|---|---|---|
| 11 木<br>外格 | 1<br><br>杜 7 | 8 金<br>天格<br>爺爺奶奶 |
| | 俊 9 | 16 土<br>人格<br>爸爸 |
| | 宸 10<br>26 土<br>總格 | 19 水<br>地格<br>小孩子 |

　　還有一情形是，譬如說爸爸管教小孩子太嚴，小孩子會去找爺爺奶奶求救，因為天格(8金)生地格(19水)，代表爺爺奶奶是很疼愛孫子的(但是要注意的爺爺奶奶會不會太寵小孩，太寵就會有點負面的效果)，是不是又會造成爸爸的困擾。

　　在來就是，天格(8金)會剋外格(11木)，這個時候可以請爺爺奶奶來幫忙管孫子的交友狀況也是好(圖7所示)。

　　以上舉這個例子，好比是看圖說故事，有如人生百態都在這裏面，只要我們把這五格的含意抓出來，「生、剋、平」的關係搞清楚，其實有很多問題，我們就可以很輕鬆的看得出來，並不會這麼複雜，我們在看每個名字的時候，好比是看圖說故事。

## 第二章　介紹
### 『人際關係四個階段』
### 的說明。

　　在這邊我們要提一下人際關係的部分，人際關係的部分是比較複雜，因為人際關係是牽扯到人跟人交往的程度而有所差別，我們在論一個人的人際關係的時候，我們大概可以從四個角度去看，譬如說假設這位卓宛萱小姐，如下圖說明：

（圖1）

| | 1 | 9 水<br>天格<br>第一印象 |
|---|---|---|
| 16 土<br>外格 | 卓 8 | |
| | 宛 8 | 16 土<br>人格<br>**我** |
| | 萱 15 | 23 火<br>地格 |
| | 31 木<br>總格 | |

　　第一個就是我們剛認識的一個人時候，通常就是所謂的第一眼印象是在天格（如圖1所示）。

　　在第一眼印象的時候，就譬如我們遇到一為位先生或者是小姐，我們第一句話，一定是問這位先生你好或者是這位小姐妳好；在來就是問？先生您貴姓、這位小姐您貴姓，譬如說他回答，我姓李，我們一定回應說李先生你好或是李小姐妳好，被你

（妳）問候的人，他（她）也會反問你貴姓阿，尊姓大名，他（她）也會想要認識你，所以一個人的「姓氏」是在天格，通常是我們看第一眼的地方，就是所謂的第一印象是在天格（如圖1所示）。

（圖2）

| | 1 | 9 水 天格 第一印象 |
|---|---|---|
| 16 土 外格 一般朋友 | 卓 8 | |
| | 宛 8 | 16 土 人格 我 |
| | 萱 15 | 23 火 地格 |
| | 31 木 總格 | |

大家經過了第一印象之後，彼此都見過面了知道尊姓大名，在來如果有機會兩人彼此在碰面就會聊個天，就會做成一般的朋友在「外格」（如圖2所示）。

（圖3）

| 16 土<br>外格<br>一般朋友 | 1 | 9 水<br>天格<br>第一印象 |
| | 卓 8 | |
| | 宛 8 | 16 土<br>人格<br>我 |
| | 萱 15 | 23 火<br>地格<br>男女朋友 |
| | 31 木<br>總格 | |

所以一般的朋友會在外格，一般的朋友在我們這麼多的朋友圈裡面，有些人會變成我們比較知心的朋友。

　　說譬如說有些女孩子就會有什麼閨中密友，所謂的知心朋友，就是從一般的朋友變成知心朋友的時候，就會從外格到了地格，就會到了妳身邊來，所以「地格」的部份就會變成所謂的知心好友，當然包含了我們一般講的男女朋友（如圖3所示）。

　　到了男女朋友之後，交往一段時間，在下一步就會到談論及婚嫁。論及婚嫁的時候就有點不太一樣。

　　以女生來講，以前男朋友是在我的地格，但是女生結了婚之後，我的男朋友變成我的老公，原本男朋友是在我的「地格」，女生結婚之後男朋友變成我的老公，就從「地格的位置轉換上來到天格」這裡。因為在古代女生結婚之後，天格是代表女生的丈夫（如圖4所示）。

（圖4）

| 16 土 外格 | 1 | 9 水 天格 我的丈夫 |
| | 卓 8 | |
| | 宛 8 | 16 土 人格 我 |
| | 萱 15 | 23 火 地格 我的男朋 友 |
| | 31 木 總格 | |

　　一般來說女生一旦結婚之後，別人可能就會用某某太太來稱妳，就不會用原來的姓氏稱妳，譬如說妳姓林，之前人家叫妳林小姐，結婚之後如果妳的先生姓陳，妳就變成陳太太了，所以丈夫的位置會到「天格」這裡（如圖4所示）。

可是對男生來講, 結婚之後並沒有這種的差別, 因為男生的地格是女朋友, 結婚之後「妻子的位置還是在地格這邊」, 並沒有變動過位置。舉例說明如下（如圖5所示）。

（圖5）

| | 1 | 12 水 |
| 15 土 | 張 11 | 天格 |
| | 育 10 | 21 土 人格 我 |
| 外格 | 瑋 14 | 24 火 地格 女朋友 妻子 |
| | 35 土 總格 | |

　　但是對女生來講，妳剛認識一個男生的時候，他可能是在妳的天格，比較熟一點他就到妳的外格，在熟識一點開始交往之後，他就到了妳的地格。

　　可是妳嫁給他之後，他又回到妳的天格的位置（女生的天格代表老公）。

　　可是以男生來說，如果你剛認識一個女生，她可能是在你的天格，就第一眼的印象而言，後來一樣到了外格，大家交朋友。開始交往的時候會到地格，到結婚的時候，「女朋友或妻子」還是在地格的位置，這個是男生跟女生不一樣的地方（如圖5所示）。

　　所以很多女生會覺得說男生結婚之後會變一個樣。其實是「男朋友變成老公」的位置改變不一樣，從地格轉換到天格。位置改變不一樣就會被妳的磁場感應，感應出來之後結果也會不一樣。

我們假設，舉例說這位卓小姐，以她為例子，譬如說她的朋友，剛認識她的時候。（如圖6所示）

（圖6）

| 16 土<br>外格 | 1 | 9 水<br>天格<br>第一印象 |
|---|---|---|
| | 卓 8 | |
| | 宛 8 | 16 土<br>人格 |
| | 萱 15 | 23 火<br>地格 |
| | 31 土<br>總格 | |

她是人格剋天格,她要剋別人,別人就會有壓力。因為朋友會被她剋。我們說過剋就是控制,就是欺負,朋友們會覺得妳想要欺負他,朋友們會有壓力,所以這個「姓氏」是,她的第一眼印象給人家的感覺比較冷(或者是說酷),比較兇一點點,人家比較怕她。

朋友跟她相處之後,朋友會發現她是你對她好,她就會對你好,你把她當成好朋友,她就會把你當成好朋友。你對她如果沒有什麼太多的往來,她也不會主動理你。因為她是人格(16土)和外格(16土)是比和(如圖6所示)。

在朋友對她示好之後,她也會對你好,與朋友之間的互動多了,感情也會比較深,就會變成所謂的知心朋友,到了知心朋友之後,你會發現都是好朋友在對她好。因為(地格23火生人格16土)。跟外格(人格16土跟外格16土是比和)是不一樣,是朋友對妳好,妳就會對朋友好,是平等對待(如圖7所示)。

（圖7）

| | | |
|---|---|---|
| 16 土<br>外格<br>一般朋友 | 1 | 9 水<br>天格 |
| | 卓 8 | |
| | 宛 8 | 16 土<br>人格<br>我 |
| | 萱 15 | 23 火<br>地格<br>知心朋友 |
| | 31 土<br>總格 | |

可是到地格的時候，都是好朋友對她好，所以
她的地格，到知心朋友的時候，我們會發現她的好
朋友都很支持她、很挺她、照顧她。（如圖7所示）

（圖8）

| 16 土<br>外格<br>一般朋友 | 1 | 9 水<br>天格 |
| | 卓 8 | |
| | 宛 8 | 16 土<br>人格<br>我 |
| | 萱 15 | 23 火<br>地格<br>男朋友 |
| | 31 土<br>總格 | |

　　在這麼多的朋友當中，一定會有男生跟她交往成男女朋友（就會到地格），在交往的過程當中，她也會覺得這個男朋友對她很不錯。因為（地格23火生人格16土），生就是付出、奉獻、照顧。也許她將來要論及婚嫁（如圖8所示）。

（圖9）

| 16 土<br>外格 | 1 | 9 水<br>天格<br>**老公** |
|---|---|---|
| | 卓 8 | |
| | 宛 8 | 16 土<br>人格<br>我 |
| | 萱 15 | 23 火<br>地格<br>**男朋友** |
| | 31 土<br>總格 | |

　　論及婚嫁就嫁給她的男朋友，男朋友就變成老公了，從她的「地格」升到上面的「天格」來，又變成「人格16土剋天格9水」，她就會開始想要管她老公。（我們講過剋就是一種控制）。

　　既然妳要控制妳的老公,代表說妳對老公有很多的意見跟不滿。所以她會發現說這個老公,結婚前對她很好,結婚之後,她看到老公很多的缺點,她會希望老公有的缺點能有所改進。

　　我們可以說結婚前她是(地格23火生人格16土)。地格生人格代表說我的男朋友對我很好,可是我沒有很主動對我的男朋友好。因為是別人來對我好,所以之前她對男朋友比較沒有放很多的心思在她男朋友身上。

　　可是結婚之後她會想去控制她的老公。她會去干預老公更多,會管更多,讓老公的壓力會越來越大。因為她覺得會說,老公在結婚前跟結婚後的變化落差很大。因為這個位置轉變的不同(從地格升到天格「天格代表老公」)感受就不一樣(如圖9所示)。

　　換句話說,她在看待一個男生的時候,會因為交情的轉變,由本來是在(天格)的第一印象,到朋友(外格),到男女朋友(地格),到最後結婚了之後(從地格升到天格「天格代表老公」),她的位置不

同, 位置不同她就有不同的態度與感受（如圖9所示）。

（圖10）

| 16 土<br>外格 | 1 | 9 水<br>天格<br>**老公**<br>**（剋）** |
| | 卓 8 | |
| | 宛 8 | 16 土<br>人格<br>**我** |
| | 萱 15 | 23 火<br>地格<br>**談戀愛** |
| | 31 土<br>總格 | |

　　所以我們會發現，如果以這個名字的命盤來看，這一個命盤的女孩子，她結婚之後，她會覺得說這個老公好像沒有原本的這麼好，所以她要去管她的老公。

我們講過剋，剋是一種控制，一種管理，甚至我們可以說剋也是一種修飾（圖10）。她就是會覺得說，我的老公有一些不好的習慣，譬如說是晚睡，開車開太快，鞋子亂放，還是說喜歡跟朋友去喝酒聊天，她就會管很多，她就會想要修正她的老公。她會希望老公不好的習慣或缺點，能有所改進或者改善，希望她的老公好。這種的情況通常是發生在於認定上的問題。尤其是當大家談到結婚的這件事情，這個「天格的力量」就會出來。

如果男女雙方只是純粹還在談戀愛的時候，其實這個天格的力量是不會出來，就是還在地格的控制當中（如圖10所示）。

所以我們從一個名字當中，我們可以發現，人跟人的互動其實是複雜的；就像我們舉例說明這位女孩子這樣。

（圖11）

| | 1 | 9 水 |
| | | 天格 |
| | 卓 8 | 老公 |
| 16 土 | 宛 8 | 16 土 |
| 外格 | | 人格 |
| 一般朋友 | | 我 |
| | 萱 15 | 23 火 |
| | | 地格 |
| | 31 土 | 知心朋友 |
| | 總格 | |

> 地格的知心
> 朋友會對她
> 有所報怨

　在來就是說地格生人格的人，主動權是在好朋友這裡，朋友會對她付出跟照顧。所以我們會發現說，當人格跟外格比和的時候，當知心朋友跟她之前還是一般朋友的時候，朋友對她好，她也會對朋友好，就是彼此的相互付出（如圖11所示）。

可是當朋友跟她到感情比較深的時候，到了「地格」，都知心好朋友單方面的付出給她,她就沒有回饋了。所以我們會發現說，當她的知心朋友到後來都會抱怨，因為當她的一般朋友的時候，朋友還在她的外格，妳對我好，我就會對妳好，因為人格跟外格是比和的狀態。但是當她的知心朋友的時候，因為是地格生人格，只有知心朋友付出給她，所以知心朋友對她會有所抱怨。（如上圖11所示）以上的舉例說明，希望大家能有收穫。

## 深入篇

## 第一章　『五行生、尅、平』的深入探討與應用

　　首先我們要知道這個五行「木、火、土、金、水」，彼此之間會有相互的作用，在我們中國的老祖先稱之為「生、尅、平」的關係。用五行的「生、尅、平」，我們可以來計算這個命盤，到底會產生什麼樣的現象，所以我們要先知道五行「生、尅、平」的變化以及五行的特性與特質說明如下，「木」的數字就是1跟2，「火」的數字是3跟4，「土」的數字是5跟6，「金」的數字是7跟8，「水」的數字是9跟0。

　　我們說數字五行就是，1、2是屬木，3、4是屬火，5、6是屬土，7跟8是屬金，9跟0是屬水（如下圖表所示）。

| 數字 | 1 | 2 | 3 | 4 | 5 | 6 | 7 | 8 | 9 | 0 |
|---|---|---|---|---|---|---|---|---|---|---|
| 五行 | 陽木 | 陰木 | 陽火 | 陰火 | 陽土 | 陰土 | 陽金 | 陰金 | 陽水 | 陰水 |
| 符號代表 | ＋ | － | ＋ | － | ＋ | － | ＋ | － | ＋ | － |

　　我們要知道數字與五行的陰陽大小；陽數就是單數（代表大），我們就以（＋）這個符號來代表陽數。陰數就是偶數（代表小），我們就以（－）這個符號來代表陰數（如上圖所示）。

　　如果在細分的話，1是陽（單數＋）的木，2是陰（偶數－）的木；3是陽（單數＋）的火，4是陰（偶數－）的火；5是陽（單數＋）的土，6是陰（偶數－）的土；7是陽（單數＋）的金，8是陰（偶數－）的金；9是陽（單數＋）的水，0（10）是陰（偶數－）的水。以上數字與五行的陰陽大小，我們要知道與了解要記得很清楚。

## 五行相生循環圖

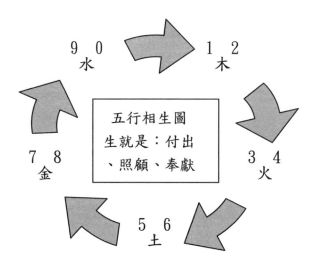

生就一種是：付出、奉獻、照顧的含意。

　　以上這個五行的「相生」循環圖很重要（如上圖所示），大家要一定記起來；什麼是五行的相生，就是木生火、火生土、土生金、金生水、水生木。生就是一種付出跟奉獻以及照顧的含意。

　　第一個是「木生火」，木生火就是鑽木取火，木頭燃燒的時候會產生火焰，我們可以用自然界的概念，或者是用想像的方式會比較好記，就是鑽木取火我們就會得到火。

第二個是「火生土」，火生土就是火燃燒完之後，會產生灰燼或是一些焦土，這就是火生土。

第三個是「土生金」，土因為藏了千萬年的壓力，就會慢慢產生一些礦物跟礦產，所以土會生金。

第四個是「水生木」，水生木就是我們在種植植物的時候，我們是用水來去做灌溉的，這個是很自然的概念。

第五個是「金生水」，金生水在傳統的命理上一直是爭議很多的地方，因為在自然界中找不太到金生水的自然現象和狀況。

因此有很多人講的是，把金屬做高溫加熱的時候，金屬會溶化成液體，所以叫做金生水，聽起來好像有道理。但是金屬溶化出來的液態金屬，是不可能來生木，因為到最後這個木還是會被燒掉。

所以這個「金生水」的解釋是是而非。有些老師他認為這個金屬就是在有礦產、產金屬的地方，一定有豐沛的水源。譬如說在大陸，在臺灣也好好就像臺灣的花蓮一帶水分就很夠，礦產也很多，這個就有點像是金生水，但也不完全是，因為金生水沒有一個很明確的現象。

　　在來一個就是說，有人認為說金屬經過晚上之後，金屬會吸收跟附著很多的露水，所以有金生水的含意，也就是說金屬會吸收水分，這個也是可能，也可以　在這邊我們會發現「金生水」的解釋各門各派都不一樣，像其他的水生木，木生火，火生土，土生金都沒有這種問題。唯獨金生水不同的門派有不同的看法與解釋。

　　在五行「生」的部分在傳統的命理上就是一種付出、奉獻、照顧的含意。木來生火，就是木對火付出與照顧。火來生土，是火對土，付出奉獻跟照顧。土生金也一樣，是土在付出，金就是在接收。金生水，就是金付出給水。水生木，就是水在付出，木在接收。以下這張五行的相生圖，大會一定要熟記起來。

### 五行相生循環圖

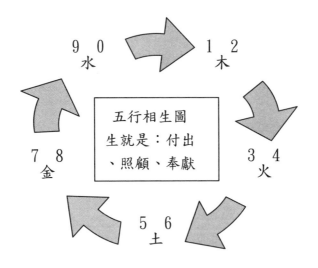

9 0
水

1 2
木

五行相生圖
生就是：付出
、照顧、奉獻

3 4
火

7 8
金

5 6
土

**生就一種是：付出、照顧、奉獻的含意。**

以上這張五行的相生循環圖大家要熟記起來，這個箭頭的方向很重要(如上圖所示)，是代表從那裡生到那裡，這個觀念要知道。這個「生」的概念就是五行在做變化跟轉化的一種現象。

如果在自然界中只存在著「生」的循環時，這個循環最後可能會變成一種惡性循環。因為五行會一直在轉變沒有辦法穩定下來。所以自然界中還有另外一種「剋」的力量存在。

五行的「剋」就是一種控制,控制也是一種磨練,當然也有破壞的含意。這個「剋」我們要如何記(如下圖箭頭的方向),就是木剋土、土剋水、水剋火、火剋金、金剋木。「剋」就是一種控制、磨練以及破壞的含意,如下圖所示。

## 五行相剋循環圖

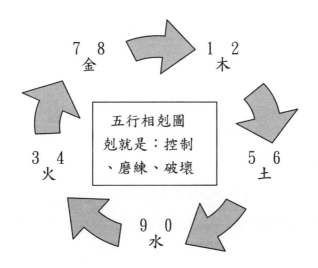

### 剋就是：控制、磨練、破壞的含義

　　以上這張五行「相剋」的循環圖很重要,我們會知道了解所謂的一物剋一物的道理,在自然界的五行當中會有一個平衡的結構在裡面,在每一個「生與剋」的位置是非常重要與平衡。

第一個是「木剋土」就是所謂水土保持的概念，我們把樹種到土裡面，樹會去把土壤凝聚起來，把土壤凝結起來，這樣土就不會有流失，這個就叫做控制。樹把土壤控制住，不要讓土壤流失，樹可以從土壤裡面得到養分。所以「剋」，有種利用的味道，這就是木剋土。

第二個是「土剋水」，我們比較常聽到的是「兵來將擋水來土掩」。這個土剋水的含意就是說，譬如說我們做一個渠道，渠道可以引導水流的方向，這種的過程也是控制的一種。用土去控制水的流動跟變化。像土可以做成是「杯、碗、溧、盆」等瓷器，這也是土所製造出來的，就可以把水控制住在一個範圍裡面。好比是築水壩的原理，把水聚起來在加以利用。

第三個是「水剋火」，就是滅火的原理和概念，如果失火了，我們就用水去把火給撲滅掉。水剋火比較是傾向於破壞，利用的成分比較少，但是有控制的效果，因為要控制火勢，這個也很重要。

第四個是「火剋金」，就是火去鍊金，火鍊金有一種恨鐵不成鋼的味道，火希望這個「金」能夠去做美化跟質的提升，讓「金」更能夠有一些價值跟美感會出現。所以命格帶火剋金的人，會比較愛漂亮。因為火去鍊金要把這個金，做到最漂亮，完美主義也會比較重。

第五個是「金剋木」，就是利用金去雕刻木頭，所以有「恨木不成材」的味道。因為金要去雕刻木頭，金就是要去修剪掉一些樹不必要的殘枝，控制樹的生長。因為樹木有些要利用，所以必須要借由金要把木頭雕刻成，譬如說，一些雕刻品，還是一些桌椅，就是有利用性質的價值。

當然如果一棵樹長的不好，就是把樹鋸掉，這時候就帶有破壞的含義在。所以「金剋木」，好比說一棵樹能不能成材，樹的品質就很重要。我們在判斷一棵樹的時候，會著重在這個樹到底健不健康，能不能成材，要不然一棵樹有可能是被劈掉或鋸斷，這就是剋的概念。 所以以下這張「相剋」的循環圖大家也要熟記。

## 五行相剋循環圖

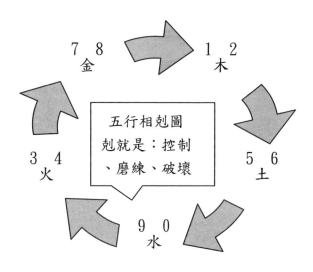

7 8
金

1 2
木

五行相剋圖
剋就是：控制
、磨練、破壞

3 4
火

5 6
土

9 0
水

## 剋就是：控制、磨練、破壞的含義

　　自然界中除了「生跟剋」之外，還有一個是平（比和），平（比和）就是你跟我是相同或是一樣的。譬如說，木遇到木，火遇到火，土遇到土，金遇到金，水遇到水，跟我是一樣的就是平（比和）。

　　平（比和）就是你跟我是相同或是一樣的，所以我們是平起平坐，換句話說「平（比和）」是追求一種平等或者是合作的概念。大家的出發點是相同，換句話說「平（比和）」，就是你對我怎麼樣，我就對你怎麼樣。

以上是五行「生、剋、平」的介紹，我們可以用很簡單想像的方式，去了解自然界中「木、火、土、金、水」的現象。除了『金生水』之外在自然界比較難找，以上五行的相生、相剋跟「平（比和）」都有一個深入的介紹。

　　以下舉例說明，五行『生、剋、平』的應用。在現代工商業社會科技進步的年代，企業界老闆們都希望能夠找到執行力好的員工，或者是工作效率比較快的人；當主管交辦事情下來的時候，什麼樣的員工、部屬處理事情的速度會比較快，換句話說就是做作事比較勤快的人。一個員工或部屬勤不勤快要從「人格跟地格」來做比較。如下舉例說明：

（圖1）

| | 1 | |
|---|---|---|
| | 2 | 3 火<br>天格 |
| 4 火<br>外格 | 12 | 14 火<br>人格 |
| | 3 | 15 土<br>地格 |
| | 17 金<br>總格 | |

（圖2）

| | 1 | |
|---|---|---|
| | 2 | 3 火<br>天格 |
| 4 火<br>外格 | 3 | 5 土<br>人格 |
| | 5 | 8 金<br>地格 |
| | 10 水<br>總格 | |

　　以上這兩個都是人格生地格的人（如上圖所示），兩個都是勤勞勤快的人，做事情那一個人會比較快，大家可以想想看，我們用自然界的現象來看。

　　第一個是人格14火生地格15土的人（圖1），我們講過火生土的速度是很快，（火燒完了會產生灰爐或是焦土，這是自然界的現象），我們只要找一個媒介讓火去燃燒，就會達成火生土的目地，然而火生土的媒介是什麼。我們舉例說明，譬如說上級主管，交辦一份文件給秘書處理，這份交辦的文

件，就是給「人格14火的人」去燃燒的媒介，去引動或是驅動她「地格15土」的動能（地格代表行為、行動力），讓她去完成交辦的文件（圖1）。

我們要知道「火生土」，在火生土的過程中間，一定要有個讓火去燃燒的東西（譬如說樹葉、紙張、稻草、雜草之類的），才能夠讓火去生土。一般來說人格生地格的人，尤其是火生土的人，是比較閒不住、勤快的人。

第二個是人格5土生地格8金的人（圖2），我們講過土生金的時間比較長，所以做起事情來會比較慢，（因為土要生金還要經過萬年的壓力才會產生金屬和礦物，這是自然界的現象）。

為什麼人格5土生地格8金的人，處理事情會比較慢。譬如說上級主管，拿一些文件要發給各單位以及待辦事項，交代給秘書處理。這位「人格5土生地格8金」的秘書。假設她的上級主管，所交辦的文件，如果是早上拿給她的，文件有可能在中午吃飯前才送達給各單位。上級主管所交代的待辦事

項，她可能在下班前才去處理完成。或者是說主管，要叮嚀提醒她一兩次才會去做。

所以當老闆或主管，交辦事情下來，給這兩位秘書處理的時候，第一個是人格14火生地格15土的秘書，處理事情會比較快完成。第二個是人格5土生地格8金的秘書，你可能要叮嚀提醒她一兩次才會去做。所以同樣是人格生地格的人，是否勤勞勤快，也是因為五行「相生」的屬性不同而有所差別。以上的舉例說明，讓大家了解五行的『生、剋、平』是要如何應用。

## 第二章 『數字加十天干』 的深入探討與應用

大家可能會覺得很好奇或是納悶，為什麼數字五行還要加入天干，天干是什麼，天干就是我們中國人講的「十天干與十二地支」。

所謂的十天干就是「甲、乙、丙、丁、戊、己、庚、辛、壬、癸」，十二地支就是「子、丑、寅、卯、辰、巳、午、未、申、酉、戌、亥」也就是我們講的十二生肖，但是這個十二地支不是我們的主題，提一下讓大家知道。

所謂的十天干加上數字 1 到 0（10），剛好是一個天干配一個數字；好比說，1 是陽的甲木，2 是陰的乙木，3 是陽的丙火，4 是陰的丁火，5 是陽的戊土，6 是陰的己土，7 是陽的庚金，8 是陰的辛金，9 是陽的壬水，0 是陰的癸水。

　　為什麼數字五行要加入十天干呢？其實西洋人講的生命密數，就是我們中國人講的十天干的特質與特性，我們中國人老祖先的智慧，早就把「西洋人講的生命密數」解密開出來了，只是說我們中國人在古代計算「年」的方式是用天干地支來計算，與國外西洋人用數字來算西元年有所不同而已。讓大家知道與了解，為什麼數字五行要加入十天干，以下整理一個數字五行和天干的圖表，讓大家更容易看懂而且好記，（如下圖所示），接下來就是數字五行加十天干的深入介紹。

| 數字五行與天干陰陽符號圖表 | | | | | | | | | |
|---|---|---|---|---|---|---|---|---|---|
| 數字 | 1 | 2 | 3 | 4 | 5 | 6 | 7 | 8 | 9 | 0 |
| 五行 | 陽木 | 陰木 | 陽火 | 陰火 | 陽土 | 陰土 | 陽金 | 陰金 | 陽水 | 陰水 |
| 天干 | 甲 | 乙 | 丙 | 丁 | 戊 | 己 | 庚 | 辛 | 壬 | 癸 |
| 符號代表 | ＋ | － | ＋ | － | ＋ | － | ＋ | － | ＋ | － |

# 【1甲木的特性】

1甲木是陽木,陽木是高大筆直的樹。我們用一個比較好記的方式,通常我們就用高山上的神木或大樹來形容,那麼大樹有什麼現象?

第一個大樹就是高大直直的一條,所以是直來直往的命格,大樹的樹蔭非常大,可以讓大家乘涼休息,所以原則上1甲木的人是比較喜歡照顧人。

在來就是,大樹讓人家看起來有一種比較威嚴的感覺,因為大樹成長的太久,所以變通性沒有這麼好,就是因為長得很高又直,所以變通性就沒有這麼好。

神木大樹又是樹裏面的王,所以比較容易有領袖慾,難免就容易愛面子。大樹的個性很直,所以我們說1甲木的人是直腸子,原則上是很有責任感,因為1甲木的人不容易倒下,會堅持到最後。

在姓名學的五格中，我們只看『人格』數的「個位數」，譬如說數字是21，只看「個位數」1，1就是甲木，我們把數字1轉換成天干之後，我們要用自然界的情性，就是植物的特性，把十天干的特性跟「人格」數，做一些相結合的比較, 去描述一個人的個性。

人格數1甲木的人, 他是神木大樹，我們會覺得說，他讓人家看起來的感覺就是很固執。相對性的『人格』「個位數」是1的人就是甲木的人，（我們用自然界的情性來看, 就是植物的特性）來比較的時候, 就會覺得說1甲木的人很固執, 變通性沒有這麼好。

譬如說像颱風來的時候，神木大樹是不容易被吹倒, 可是如果被吹倒了就斷了。所以我們可以舉例說, 1甲木的人他的事業是不容易被打倒, 但是如果被打倒了, 他的事業就起不來了, 類似這種的概念。

# 【2乙木的特性】

　　人格2乙木的人是陰木，是俗稱的「花草木」，就是花、草、藤蔓，或是比較矮的樹種。相對的2乙木的人，身段比較柔軟，因為風吹的時候他會搖晃，變通性比較高，尤其像藤蔓就是有可以靠的地方在那邊，就向那邊攀附上去。所以我們會覺得說，2乙木的人比較容易有左右搖擺的狀況（就是風吹兩面倒），可是2乙木的人攀附性很好。

　　好比說像藤蔓遇到樹，可以從樹這裡攀附上去，遇到牆壁也可以攀附上去，遇到山崖岩壁可以攀附上去，遇到石頭也可以。所以2乙木的人是借由攀附的過程當中，讓自己越來越高。

　　所以2乙木的人，若要講缺點是比較不夠忠心，因為他會選擇適合的環境生存。當然如果要跟1甲木的人比起來，2乙木的人，他的抗壓性不好；因為2乙木的人比較不能夠遭受一些挫折，有時候2乙木的人，會讓人家感覺有雙重個性。譬如說，他可能跟你是這樣講，在做的時候又是另外一套，會有這種的情形出現，但是2乙木的人彈性很好，比較有頭腦、有智慧。

## 【3丙火的特性】

人格3丙火的人,是屬陽的火,3丙火就是比較大的火,在自然界裏面大的火,我們可以聯想到的就是太陽火。

我們想到太陽有什麼感覺,我們要把3丙火跟太陽做類化,太陽是很光亮又很熱,所以3丙火的人,原則上他是比較熱情大方,因為太陽光亮,所以他會比較容易引人注目,可能他會有一些行為舉止或者是他講話的聲調,還是他的笑聲(爽朗的笑聲)比較容易讓人家注意到他,在來是3丙火的人偶爾喜歡出風頭。

3丙火的人有一個缺點,做事情可能只有3分鐘熱度,因為太陽每天升起來一定會落下去,他沒有辦法一直持續著,他需要休息。

3丙火的人，他會比較喜歡照顧別人，有的時候會比較雞婆，在這個部份，因為3丙火的人，他有博愛的特色，因為他會給所有人光芒，有時候會熱情過頭，因為3丙火是屬於太陽火，他會讓大家有一種溫暖的感覺。

　　3丙火的人有的時候會太熱情過了頭，就會招惹到一些桃花，這種的桃花不是有情有義之下的桃花，可能是因為他在照顧別人的過程中，不小心沾惹到。

　　3丙火是桃花數，在天運派裡面3丙火叫做主動的桃花數，為什麼是主動的桃花數，因為3丙火是屬於太陽火，他會讓大家有一種溫暖的感覺，很多人被他溫暖的照顧之下，會誤以為有意思，所以會有很多情感的問題出來。

　　如果是3丙火的女孩子有時候會傾向負面一點，她會喜歡照顧一些不得志的男人，或者是我們可以換個角度來說。譬如說，這個男人有理想，有抱負，可能現在還沒有成就，她就會去照顧他，甚至

是支持他,鼓勵他。不管男女,他們對弱者會有喜歡
去照顧跟同情的傾向,站在人性的立場上面是好的,
但是有時候要注意,不要雞婆過頭。

## 【4丁火的特性】

人格4丁火的人,是屬陰的火,丁火我們一般
叫小的火,我們可以用蠟燭火,或者是古代用的油
燈火來形容,譬如說我們講蠟燭火好了,蠟燭火會
帶給晚上光亮,以前的人都說蠟燭火會犧牲自己照
亮別人。

「在這邊我們要注意一個重點,就是犧牲自己
照亮別人;犧牲自己的是蠟燭在犧牲;不是丁火在
犧牲,是蠟燭犧牲給丁火,讓丁火出現光芒、光亮,
這個引申起來就是說丁火的人,是不會犧牲自己;
因為犧牲的是蠟燭」。所以我們會發現4丁火的人,
他的貴人比較旺,因為是別人燃燒給他,所以貴人
比較旺。

相對的他是比較自私的，因為他的不安全感很重，因為蠟燭到底什麼時候會燒完，他並不清楚。

　　在來蠟燭火很柔弱，好像風來吹的時候就會有熄滅的感覺，所以他是個不安全感很重的人。在來他的脾氣不會太好，因為我們常講星星之火可以燎源，一點點的小火苗（種）如果沒有即時的撲滅，再燒起來的時候是很可怕的，所以這個4丁火的人會變成說，他一開始是悶著的，就是生悶氣，等他抓狂的時候是很恐怖，這個要注意。

　　4丁火的人最大的問題就是他講話很直，有時候很容易傷到人，這個部分我們可以把4丁火的人轉化成好的地方去，譬如說，可以建議他，去訓練他的口才，或是演說能力，甚至學唱歌，讓他學習一些演講之類的，對他都是很好的。因為要把4丁火的人，這個負面的缺點轉化掉，他就會變成說服力很好，講話可以直指人心，就會變成是他的優點。

## 【5戊土的特性】

人格5戊土的人，是陽土，陽土就是高大的土，原則上我們會形容是高山土。一般我們在放假的時候，有些人會比較喜歡去山上爬山踏青，所以我們會發現說5戊土的人，他的人際關係都很好（遠方的朋友多）。

因為大家都喜歡圍繞在他（戊土）的旁邊，但是他（戊土）的孤獨感會覺得很重，因為他（戊土）有一種孤傲的感覺，一般的人上山去玩或者是住民宿，頂多一兩天，是不會在山上待很久，最後會下山。所以5戊土的人，人際關係就是來了又去，去了又來，是不會維持太久。

再來就是說，人家都說山上好修行，「仙人的仙就是山上的人」。所以5戊土的人其實跟宗教修行比較有緣，如果人格是5戊土的話，比較會走向譬如說清修，在家修，甚至吃素，理佛這種的很容易發生，但是不一定會出家。

在來,既然要到山上去,你就是要離家才能夠到山上去,所以5戊土的人,他比較有遠離家園的味道,他可能出了社會之後就會離開他的出生地,到外面去奮鬥,很多人就出國了。

5戊土的人因為他是高山土,他的視野會看得比較遠,以及他的眼界比較有一些前景,如果太高又太遠的話,就會讓人感覺不夠踏實,會不切實際。如果家裡有5戊土的小孩,你要觀察他的一些理想或者是他的抱負,到底有沒有可能達成,這個要注意。

在來5戊土是高山土,因為常常會有一些雲霧圍繞在高山戊土身邊,我們會覺得說5戊土的人比較有神秘感覺,本身是個多才多藝的人。

因為山裡面的礦產非常豐富,在這邊我們要注意的就是山裡的礦產,是需要被挖掘出來的。如果是5戊土的人沒有經過任何的開發跟訓練,他是沒有用的(就是所謂的很容易被埋沒掉)。因為這座山就是荒山,荒山就是沒有任何的開發功能的存在

比較容易一事無成。但是5戊土的人穩定性是比較高,因為山要移動不太容易,原則上他跟其他數字與天干比起來,相對的穩定性是比較高,變化性就不大了。

## 【6己土的特性】

人格6己土的人,是陰土,陰土是我們一般講的小土。譬如說,我們一般農夫或鄉下人家可以耕種的田野(園)土,或者是可以種植的土壤或平地土。

我們會發現說6己土的人可塑性比較高,譬如說我們在揑陶時,是用軟的土來揑做而成。甚至我們在開墾挖掘的時候,田園土也會比較好挖掘和耕(作)種。所以6己土的人跟5戊土的人比起來,6己土的人會比較容易教。原則上你種什麼植物下去,就會長什麼植物出來。所以6己土的人是很好教育。好比說,在工作上的事情,你只要教他什麼,他就學的很快,可塑性很好。

在來6己土的人是平地土，平地土是眾人居住的地方，原則上這種人的人際關係上都會非常的好，他不太容易拒絕別人，因為我們人是踏在土地上面，土地是不會拒絕我們，所以原則上他是不會拒絕別人。

這樣的話就會產生一種情形，是因為他（她）的人際關係好，很多人會來找他（她），又不會拒絕別人。所以這種人也會讓人覺得，他（她）是比較容易去關心別人，也比較能夠傾聽別人的訴苦。

6己土的人會有一個很大的特色，就是說他很容易變成小團體的「張老師」，就是大家訴苦的對象，原因就是人際關係好，他（她）不會拒絕別人，會去關心別人，他（她）願意花時間去傾聽人家的訴苦或講話，就會容易變成小團體的「張老師」，人緣很好。

我們剛才說過，因為6己土的人他（她）不會拒絕別人，人緣也不錯，她也願意花時間去傾聽人家講話跟訴苦，也會去關心別人。她這樣也容易會產

生桃花，6己土的桃花跟3丙火的桃花不一樣，她這種6己土的桃花是屬於被動桃花，是別人來找她，她沒有辦法拒絕，甚至有些人對她示愛，她也不會拒絕到最後就會搞出很多桃花來，所以6己土的桃花叫做被動桃花。

如果人格數字是36的女生，或者是總格數是36的女生，人際關係人緣好，很多人喜歡請她吃飯或送禮物給她，異性緣也很好。

## 【7庚金的特性】

人格7庚金的人，是陽金，陽金就是高或大，或者是比較鋒利的意思，在金屬上比較鋒利的我們叫做刀劍金，譬如說像古代戰士所用的寶刀跟寶劍。

在自然界「刀劍」不是自然界的東西，所以我們在自然界會用很強的風，譬如說像「颱風、颶風、龍捲風」來形容。譬如說像颱風就是呼嘯而過，在刮颱風的時候有很多樹、房子都會被吹倒了，颱風的破壞力就很驚人。

所以我們會發現說7庚金的人，第一個他比較冷漠，因為他很冷，金屬都是比較冷，所以我們會感覺他的人生是比較無情。

　　這個無情不是說他不重感情，而是將軍出門在外去打仗的時候，是不可能帶家眷去，所以他的人生「情」這個字，對他來說是「放在心理面，不太容易表現出來」。他比較重視在事業上的成就。

　　7庚金是因為金的質地很尖硬，所以他是很重義氣的人。這個跟我們剛才講的無情；是不會互相矛盾，7庚金的人是很重義氣，也是重感情。只是說7庚金的人，可能他的人生，他的工作，沒有辦法讓他，可以維持這個情份很久，所以說他人生這個「情」字是放在心理面，不太容易表現出來。

　　7庚金的人，也是要小心不能夠學壞，一旦學壞之後，若是要把他導正回來是非常困難。

　　所以人格是7庚金的人，教育要是很重要，不能夠讓他學壞。在來將軍出外打戰就是為了功勛，所

以他很重視名聲，容易一意孤行。因為古語云「將在外，軍（君）命有所不受」，只要他認為對他是好的，你是勸不動他。

## 【8辛金的特性】

人格8辛金的人，是陰的金，8辛金我們叫「珠寶金」，在自然界我們用「雲霧」來形，因為8辛金有一種朦朧的美，就像是珠寶一樣綻放迷人的光芒。

因為8辛金是珠寶，也代表8辛金的人比較務實與實際。屬金的人一定是比較冷，比較酷一點，可是8辛金的人跟7庚金的人比起來，8辛金的人是比較有貴氣的，因為8辛金「珠寶金」是很有價值感的，會讓人家想要靠近。人家都說，「鑽石是女人最好的朋友」。其實鑽石是有寶石的意思，也是8金的一種，所以我們會發現說8辛金的女生會讓人家想要去靠近她。所以這個8辛金很適合女生用。

8辛金的人,也是不能夠學壞,如果學壞了也很難導正回來。在來8金的人,給人家感覺像是雲霧一樣,有時候會覺得,他（她）是不容易,讓人家看得清楚的那種感覺。

在數字8裡面,數字「28」的人會讓人家覺得說,是比較容易迷糊的一種命格,尤其是女生比較嚴重一點。

## 【9壬水的特性】

人格9壬水的人,是陽的水,陽的水就是大的水,我們一般講的江河水或者是海水,有一句話說「大江東去浪淘盡」。

我們會發現說這個河水、大江水流走、流出去了就不會回來,所以9壬水的人是真正的無情。

9壬水的人,才是真正無情的人,因為河水、大江水會帶走江邊的資源之後,就是會沖刷掉一些,譬如說沖刷掉江邊的土壤養分,或是沖走渡江用的

小船、竹筏。沖刷掉的意思是說，他帶走的東西物品，他是不會在拿回來的（就是跟搬家的意思一樣，不會再回來），所以9壬水的人是很容易吸收資源。

原則上這個部分跟4丁火的人還蠻像，只是說4丁火的人是依附在蠟燭上面，所以4丁火的人是比較被動一點。這個9壬水的人，因為他是江河水所以是很主動，「9壬水的人走到那裡就把好處帶走」。因為江河水是順著河流的渠道在流走，所以很明顯的9壬水的人是個「時勢造英雄」的人，9壬水的人比較能夠順應時代的潮流，可以順應時勢與環境。

9壬水的人變化很快，我們很容易看得出來，因為河道是平的時候水流得很慢，如果河道是起伏太大的時後候就流得快，而且聲音很大聲。所以9壬水的人是個反應很快，順應著時勢在做，隨時在變化，水量多的時候是直來直往，也喜歡聲勢浩大的感覺。

## 【0癸水的特性】

人格0癸水的人，是陰的水，陰的水我們一般就用靜的水或是小的水來形容，譬如說，像是池塘水、湖水（青草湖、澄清湖、龍潭大池）這一類的。

0癸水的人，是比較安靜（寧靜）一點，我們會覺得說0癸水的人「思想沉府」比較深。因為當湖面的水是靜的時候，湖底到底有多深，我們是看不出來，我們可能從湖面看起來湖水的範圍不是很大，但是如果游泳的時候跳下去，我們會發現湖水真的是很深。所以我們會引申0癸水的人，比較深沉，思想沉府比較深。原則上0癸水的人，也是容易想太多的人，就算是心裡面有很多話，他是不會主動說出來，因為0癸水的人比較安靜。

可是0癸水的人會有一個特色就是說，如果你要知道0癸水的人心裡面在想什麼。譬如說，你可以就丟一顆石頭下去，讓湖水的水面有所波動，這樣0癸水的人一下被你刺激到，他什麼事情都會說出來。所以0癸水的人心裡在想什麼，我們問他，他可能不會講。可是我們稍微要用一點激將法。一

刺激到他，我們就會知道0癸水的人，心裡面到底在想些什麼。大原則0癸水的人，是非常有智慧有謀略的人，所以有些人會說0癸水的人比較奸巧。

以下我們舉兩個例子來說明數字與十天干的應用，譬如說我們的總統馬英九先生和立法院院長王金平先生，如下所示：

（圖1）

| | 1 | |
|---|---|---|
| | 馬 10 | 11 木 天格 |
| 3 火 外格 | 英 11 | 21 木 人格 |
| | 九 2 | 13 火 地格 |
| | 23 火 總格 | |

我們來看一下我們的總統馬英九先生，他的人格是21的甲木（看個位數「1」是甲木）。

（圖2）

|  | 1 |  |
|---|---|---|
|  | 王 4 | 5 土<br>天格 |
| 6 土<br>外格 | 金 8 | 12 木<br>人格 |
|  | 平 5 | 13 火<br>地格 |
|  | 17 金<br>總格 |  |

在來是我們的立法院院長王金平先生，他的人格是12的乙木（看個位數「2」是乙木）。

我們大家可以回想一下，2008年總統大選之前，有很多新聞記者的採訪報導馬英九先生和王金平院長，兩個人誰要代表國民黨參選總統，在那一段時間就有很多人去問馬英九先生和王金平院長，誰要代表國民黨參選總統，以及副手的問題。所以在那個時候，就有很多人以及新聞記者們去問

馬英九先生能不能考慮，去當副手跟王金平院長搭配參選總統，馬英九先生只講一句話，我說過我要選總統，其他的我不會考慮。這個就是「人格數21」是1甲木的特質（圖1），講話直接了當；（甲木的特性我們以上介紹過）因為1的甲木高大又筆直，變化性不大。大家不妨在看電視新聞報導時，聽聽我們的馬總統講話是不是有這種的特質，大家可以去觀察一下。

可是當很多人以及新聞記者們，去問王金平院長是否要參選總統的時候，他就會跟你說，現在還不是討論這個問題的時候，什麼人都有可能，任何人都有機會。王金平院長他的「人格數是12劃」（圖2），2的乙木，2乙木的人的身段比較柔軟，他可以比較微婉。

所以這兩個人，馬英九先生和王金平院長，要參選總統在爭取國民黨提名的時候，其實大家就看得出來，馬英九先生是不可能退的，就算國民黨不支持他，他也會出來以個人名義參選（脫黨參選），逼到最後退的人，一定是王金平院長，因為他是（人

逼到最後退的人，一定是王金平院長，因為他是（人

格12）2乙木的人（圖2），或許有時候他會覺得說，沒關係時勢比人強，你可能現在比我強，我現在先依附著你，看情形在說。大概就是這種的命格。以上的舉例說明，讓大家知道說數字與十天干是要如何來運用。

深入篇

## 第三章　身體『健康的論斷』與應用

### 人體（木、火、土、金、水）所代表的器官

　　第一個，金是代表氣體，代表我們人體中的「呼吸系統」，所以是指我們人體內的肺部跟氣管的部分。在來是我們人體最常跟空氣接觸到的是皮膚，所以名字的五格裡面，就是「天格、人格、地格、外格、總格」出現了火剋金的這種格局，尤其是2個火、3個火剋一個金的時候，我們人體中的肺和氣管跟皮膚就容易有毛病。

　　第二個，水是代表我們人體中的「泌尿系統」，是指我們人體內的腎臟、膀胱，還有女生的子宮、卵巢、婦女病，所以名字的五格中看到土剋水，尤其是2個土剋一個水，還是3個土剋一個水，就是會傷到我們人體中的泌尿系統。

第三個，木是代表我們人體中的「神經系統」，在這邊我們稍為要分一下，甲木主要是代表我們人體中的脊椎；乙木是比較偏我們人體內的神經，是有點不太一樣，也是代表我們人體內的肝和膽。肝膽是(神經)線體的中樞，是很重要。

　　在來是以人體來說，甲木是人體的軀幹，乙木是人體的手腳。所以名字的五格裡面有 2 個金剋一個木，還是 3 個金剋一個木，我們人體的手腳就容易受傷以及脊椎就容易受傷，是一樣的概念。

　　第四個，火是代表我們人體中的「循環系統」，是血液循環系統，是代表人體內的心臟、血液、血管還有小腸。所以名字的五格中看到有 2 個水剋一個火或者是 3 個水剋一個火，我們的身體就會有心血管疾病，譬如說高血壓或者是貧血以及有中風的危險，因為火受到水剋。

　　第五個，土是代表我們人體中的「消化系統」，代表我們身體內的胃臟、脾臟，脾胃的意思。還有代表我們整個人體的肉（肌肉），所以名字的五格

中，看到有 2 個木尅一個土還是 3 個木尅一個土，我們人體的脾跟胃臟就會受傷。

在來我們要說明的是，假設如果尅到的是己土的話，以女生來說子宮也會受傷（因為己土可以代表女孩的子宮），因為這個己土有生育的意思。因為己土代表平原土、田園土可以種植物，所以有子宮的含意在裡面。

如果是 2 個木或 3 個木尅一個土的時候，除了脾胃不好之外身體上還會受傷，因為土也代表肉，木尅土就是少一塊肉的意思，所以就會受傷。我們一般人的外傷，意外的受傷都是金尅木，傷到四肢手腳，以及木尅土是受傷留疤痕，這種受傷的比較多。

以下我們舉一個案例來說明，但是還是要提醒大家，身體健康有問題，最好還是去看醫生，命理只是一個輔助而已，這個大家要明白。舉例說明如下？

| | 1 | |
|---|---|---|
| | 16 | 17 金<br>天格 |
| 15 土<br>外格 | 2 | 18 金<br>人格 |
| | 14 | 16 土<br>地格 |
| | 32 木<br>總格 | |

　　這是我的一個朋友，有礙於個人隱私，我以筆劃數代替姓名（如上圖所示）。他的名字五格裡面，是不是 2 個金剋一個木，就是天格 17 金跟人格 18 金剋總格 32 木，木就會受傷。有一次他開車外出的時候，因為車禍受傷，腳開刀導致長短腳。我們在這個姓名的五格裡面，可以看到外格 15 土跟地格 16 土，可以去生人格 17 金跟天格 18 金，對於總格 32 的木，剋會加重。在來總格也可代表我們身體的四肢，雙手與雙腳。

如果是 3 個金剋 1 個木, 反而是腳受傷, 說不定是小兒麻痺, 當然在這個年代小兒麻痺是比較少, 若是遇到以前的人, 這樣的論斷會比較準。一般來說木剋土, 比較容易見到疤痕或少一塊肉。如果是金剋木的話會比較嚴重一點, 可能會傷到手腳, 我們可以在電視新聞報導中, 看到比較很多的是腳斷掉或是手斷掉, 車禍造成的比較多。「不過老話一句現在的醫學發達又先進, 生病或受傷一定要看醫生」。

## 深入篇

## 第四章　疊字與犯上的說明與應用

在來我們要說明的是, 姓名學中疊字的問題, 我們常聽到人家在講取名字的時候, 記得不要跟直係血親、尊親屬用一樣的名字, 這個叫疊字。疊字就是跟長輩用到一樣的字, 用到一樣的字我們會被長輩壓到。

因為我們中國人很重視道統，在道統上比你大的人，長輩的氣比我們強，我們跟長輩用一樣的字，我們就會被長輩的氣壓到，我們就會出問題，不是身體健康不好，就是運（勢）不開。但是現在這個疊字，以經被人家爛用。譬如說你想要改名字，就會有很多人跟你講說，取名字不能跟所有的長輩用一樣的字，跟爸爸媽媽相同的字不能用，跟爺爺奶奶相同的字不能用，跟外公外婆相同的字不能用，跟叔叔伯伯相同的字不能用，跟阿姨相同的字不能用。

　　我們要保佑爸爸媽媽生的小孩不多，還要保佑我們的爺爺奶奶、外公外婆生的小孩也不能多，要不然我們的名字很難取。事實上，我們是不是需要考慮到這麼複雜，其實是不需要的，為什麼我們從這張圖表「血統圖表宗族圖」來看（如圖１表所示），我們中國人講這個疊字是有原因的，因為是血統的問題，我們的長輩跟我們流著相同的血液，我們在經過這個血統，就是疊字的問題。

（圖1） （血統圖表宗族圖）

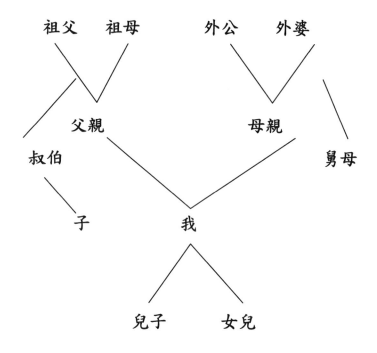

我們來看以上這張圖1，在我上面的長輩才會壓到我，外公外婆壓到我，因為他們是長輩在我的上面，長輩的血液，血液的力量才壓得下來，這個叫疊字、叫壓，被疊到，我被疊到，血液被壓到的意思，所以我會不會壓到我的小孩，答案是會的，所以小孩的名字不可以跟我一樣，我會壓到小孩，不管是男生或女生。

爸爸媽媽的名字也是一樣，他們的名字是不能壓到我。爺爺奶奶、外公外婆的名字也是一樣不能壓到我。

　　叔叔伯伯們是祖父祖母生的小孩，他們會不會壓到我，他們沒有辦法壓到我，因為「叔叔伯伯們」要到「祖父祖母」這邊才會壓到我（如圖所示），所以真正會壓到我的是「祖父祖母」才會壓到我，所以叔叔伯伯們不會壓到我。甚至是叔叔嬸嬸，伯伯、伯母，有沒有可能會壓到我，更是不可能壓到我，因為他們是更旁系的，他們不會壓到我，所以不要被一些奇怪的觀念、概念所影響到。

　　所以在取名字的時候叔叔伯伯們不重要，他們的名字跟我一樣沒有所謂的疊字，因為疊不到，甚至跟叔叔伯伯們的小孩，就是堂兄弟名字是一樣的時候，因為我跟他們是平輩，平輩沒有什麼疊字的問題，在以前古代的人，平輩「中間字或是尾字」都是用同一個字。只有在輩分的考量就會有所不同，所以名字會一樣是正常的。

（圖1）　　　（血統圖宗族表）

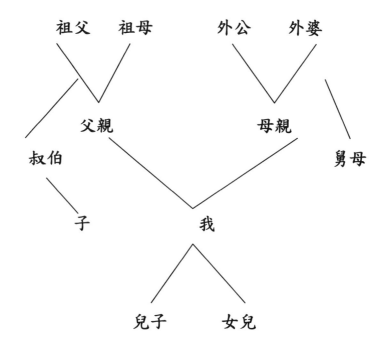

在來是「媽媽」這邊外公外婆所生的，我們講的是跟舅舅的名字一樣他會不會疊到我，原則上不會疊到我(如圖 1 所示)，因為舅舅要壓到我，他要到上面從「外公外婆」這裡才壓得下來，所以這個舅舅要先到「外公外婆」這裡才會壓得到我，所以舅舅是不可能壓得到我。

還有些人說什麼，名字不能跟兄弟姊妹一樣，名字跟兄弟姊妹一樣會被壓到，這是不可能。除非是有輩分、長幼有序的字根，譬如說，像「孟、仲、季、冠、亞、姿」等，這些特殊的字根。

　　在我們中國古代人，兄弟姊妹，「中間字或是尾字」很多是用同一個字。所以有很多人是在道聽塗說，改個名字要全家族人都不可以一樣，這是不可能的事。以中國近代的名女人為例子，清沒民初的宋氏三姊妹，宋靄齡、宋慶齡、宋美齡，尾字都是用同樣的一個字。

　　所以叔叔伯伯嬸嬸伯母、阿姨都無所謂。但是這個「舅舅」在陳安茂老師的觀念裡面，他認為是有影響，其他的無所謂，但是他認為這個舅舅是有所影響，原因是因為古代人在講的「天頂天公，地下母舅公」，什麼叫母舅，母舅等於舅舅，就是媽媽的哥哥或是弟弟，力量很強，所以不要跟母舅用一樣的字會被壓到。

　　根據這張血統圖來論(圖1)是不合理,根據(李老師)的實證效果也不明確,偶爾有一兩個會準,但是這種發生的事情,在「當事人」本身的名字裡面也找得到原因,所以後來「母舅疊字」這個部分,我們就不管了,只要把自己的名字顧好,就沒有什麼問題,所以真正的疊字。就是自己的名字不能跟爸爸媽媽,爺爺奶奶,外公外婆用的字一樣,(如圖1所示)還有我們小孩的名字也不能用跟我們一樣,這樣就不可能疊字到我們的小孩。

　　所以疊字到旁係,叔叔伯伯們的小孩子或者是在生的小孩,跟我是一樣的名字都無所謂。還有些人說,我哥哥的兒子,名字跟我一樣有沒有關係,是沒有關係。因為你疊字也疊不到你哥哥的小孩,除非你要到上面「父親」這邊來,「父親」才壓得到哥哥的小孩。(看圖2虛線)。

（圖 2）（血統圖表宗族圖）

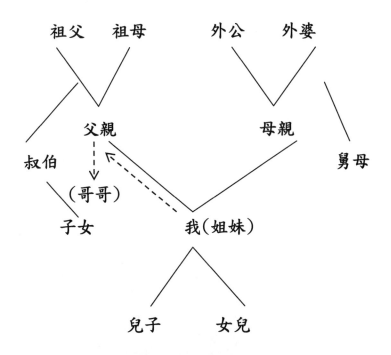

　　所以大家一定要知道學命理，命理還是有一定
的邏輯在，不是你覺得有效就有效，算命不是用感
覺，算命是有原則，所以血緣很重要，血統也很重
要，這種的疊字就有影響（血統圖宗族表），我們要
知道。

在來就是（李老師）的統計，假設媳婦跟婆婆的名字，用「字」是一樣的時候，的確是會造成婆媳不合的問題，這個是很神奇的。

以下是舉例說明疊字：

| | 1 | |
|---|---|---|
| | 8 | 9 水 天格 |
| 14 火 外格 | 仲 6 | 14 火 人格 |
| | 義 13 | 19 水 地格 |
| | 27 金 總格 | |

這是我的一個朋友，他的名字叫仲義（如上圖所示），是民國60年次生肖屬豬，家中排行第三，他的中間字是用「仲」字，他的二哥中間字也是用「仲」字。

我剛認識他的時候，我就跟他說你的感情路走的不順，因為你是家中排行第三，不能跟二哥一樣中間用「仲」字。因為人際關係、婚姻感情路走的不順，找對象不容易，沒著落。他說對，連他身邊的朋友都說，介紹許多的對象都不成，最後都不了了之。於是他就問我為什麼，我就說「孟、仲、季」是長幼有序的用字，「仲」字是家中排行第二的人用的，不論男女生都一樣，而「孟、仲、季」這三個字，好比是「冠、亞、季」軍的意思一樣，於是聽我講完，他恍然大悟，過了沒有多久，他就把名字改掉，一年多之後他就結婚生小孩了。

　　以上的舉例說明，讓大家了解什麼是疊字，尤其是「孟、仲、季」長幼有序的用字，大家要注意。

## ☞深入篇

## 第五章　　姓名學的歷史

### （介紹姓名學的由來）

　　我們既然要學姓名學，我們就有必要了解一下姓名學的歷史。這個歷史就是代表著姓名學派別跟演化的過程。一派一派的姓名學，一代一代的進化，就是代表著，新的姓名學都是補足前面姓名學的一些缺點和有些新的理論、新的概念會一直加強，所以我們大概可以分成這幾個派別：

## 第一節　　熊崎氏姓名學『姓熊崎名健翁』

　　其實姓名學不是中國人發明的，他是一位日本人熊崎健翁先生，他在中國留學的時候，他對中國的皇極易術非常的有興趣，然後去做研究。所以他發展出來的姓名學叫做熊崎氏姓名學，從日本傳回台灣來，在台灣風行非常的久，一直到現在。

　　熊崎健翁提倡的姓名學，所有的字體筆的劃數是以『康熙字典（繁體）』為標準，因為筆劃數的算法與一般字典略有出入，所有字體必須以繁體字為標準，一般比較容易弄錯的部首筆劃，請查看以下計算表：

| 項次 | 部　首 | 筆畫 | 舉例 |
|---|---|---|---|
| | 部 首 筆 劃 數 換 算 表 說 明 | | |
| 1 | 【忄】　心「立心旁」 | 四劃 | 愉：4＋9＝13劃 |
| 2 | 【氵】　水「三點水」 | 四劃 | 海：4＋7＝11劃 |
| 3 | 【扌】　手「提手旁」 | 四劃 | 振：4＋7＝11劃 |
| 4 | 【犭】　犬「犬字旁」 | 四劃 | 狄：4＋4＝8劃 |
| 5 | 【王】　玉「玉字旁」 | 五劃 | 琦：5＋8＝13劃 |
| 6 | 【礻】　示「半禮旁」 | 五劃 | 祈：5＋4＝9劃 |
| 7 | 【罒】　網「網字頭」 | 六劃 | 羅：6＋14＝20劃 |
| 8 | 【月】　肉「肉字旁」 | 六劃 | 胖：6＋5＝11劃 |
| 9 | 【衤】　衣「半衣旁」 | 六劃 | 裕：6＋7＝13劃 |
| 10 | 【艹】　艸「草字頭」 | 六劃 | 苗：6＋5＝11劃 |
| 11 | 【辶】（辵）「走馬旁」 | 七劃 | 通：7＋7＝14劃 |
| 12 | 【阝】（邑「右耳旁」 | 七劃 | 郡：7＋7＝14劃 |
| 13 | 【阝】（阜「左耳旁」 | 八劃 | 陳：8＋8＝16劃 |

　　因為熊崎氏姓名學他的理論準確度只有3成甚至2成不到,不是很準。所以日本人他們也漸漸不用了。

可是他推出來的架構是非常符合易經的原則。他所推出來『三才五格』的架構是很漂亮。什麼是三才五格，以下舉例說明，「天格、人格、地格」是『三才』在加「外格與總格」就是『三才五格』。如下舉例說明：

| | 1 | |
|---|---|---|
| | 王 4 | 5 天格 |
| 11 火 外格 | 宥 9 | 13 人格 |
| | 勝 12 | 21 地格 |
| | 25 總格 | |

三才

我們在學姓名學，熊崎氏姓名學我們多少要了解，因為我們一般所用的農民曆後面都有熊崎氏81劃吉凶數的說明狀況，如下附圖表說明81劃吉凶數。

# (熊崎氏81劃吉凶數參照表)

## 熊崎式、姓名·商店號八十一字劃吉凶數：

【一畫】大展鴻圖，信用得固，萬人仰望，可獲成功（吉）

【二畫】動搖不安，一榮一枯，一盛一衰，勞而無功（凶）

【三畫】立身出世，有貴人助，天賜吉祥，四海名揚（吉）

【四畫】日被雲遮，前途坎坷，非有毅力，難望成功（凶）

【五畫】陰陽和合，精神愉快，一門興隆，榮譽達利（吉）

【六畫】萬寶集門，天降幸運，立志奮發，得成大功（吉）

【七畫】精力旺盛，和氣致祥，排除萬難，必獲成功（吉）

【八畫】努力發達，貫徹志望，進退得宜，可期成功（吉）

【九畫】雖抱奇才，有才無運，獨營無力，財利難望（凶）

【十畫】烏雲遮月，暗淡無光，時不逢運，徒勞無功（凶）

【十一畫】草木逢春，綠葉發枝，穩健踏實，必得人望（吉）

【十二畫】有志難伸，孤立無援，外祥內苦，謀事難成（凶）

【十三畫】天賦祥運，能得眾望，善用智慧，必獲成功（吉）

【十四畫】忍得逆境，必有後福，是成是敗，惟靠努力（凶）

【十五畫】謙恭做事，外得人和，大事成就，一門興隆（吉）

【十六畫】能獲眾望，成就偉業，名利雙收，盟主四方（吉）

【十七畫】排除萬難，得貴人助，把握時機，可得成功（吉）

【十八畫】經商做事，順利昌隆，如能慎始，百事亨通（吉）

【十九畫】少年得志，慎防虛空，內外不和，障礙重重（凶）

【二十畫】智高志大，歷盡考驗，焦心憂勞，進退兩難（凶）

【二一畫】先歷困苦，後得幸福，霜雪梅花，春來怒放（吉）

【二二畫】秋收逢颱，懷才不遇，憂愁怨苦，事不如意（凶）

【二三畫】旭日東昇，名顯八方，漸次進展，大業已成（吉）

【二四畫】錦繡前成，努力可得，多用智謀，能奏大功（吉）

【二五畫】天時地利，只欠人際，講信修睦，成功在前（吉）

【二六畫】波瀾起伏，變化萬千，凌萬駕難，必可成功

（凶帶吉）

【二七畫】一成一敗，一得一失，惟靠謹慎，可守成功

（吉帶凶）

【二八畫】魚臨旱地，難逃惡運，此數凶厄，不如更名（凶）

【二九畫】飛龍在天，青雲直上，智謀奮進，才略奏功（吉）

【三十畫】吉凶參半，得失相伴，投機取巧，如賭一樣

（吉帶凶）

【三一畫】此數吉祥，名利相伴，漸進向上，大業成就（吉）

【三二畫】業界之龍，風雲際會，一躍上天，名揚四海（吉）

【三三畫】意氣用事，人和必失，慎始行事，必可昌隆（吉）

【三四畫】考驗不絕，難得順遂，此數不吉，不如變通（凶）

【三五畫】處事嚴謹，進退保守，才智兼具，可得非凡（吉）

【三六畫】波瀾重疊，常陷困境，動不如靜，有才無運（凶）

【三七畫】雨過天晴，吉人天相，以德取眾，事業大成（吉）

【三八畫】名雖可得，利潤不佳，文藝發展，可望成功
（凶帶吉）

【三九畫】雲開見月，勞碌可成，光明坦途，指日可期（吉）

【四十畫】一旺一退，浮沉不安，知難而退，自獲天幼
（吉帶凶）

【四一畫】天賦吉運，德望兼備，努力不懈，前途無限（吉）

【四二畫】事業不精，十成九敗，專心進取，可望成功
（吉帶凶）

【四三畫】風雨之花，收成遇阻，忍耐保守，否極泰來
（吉帶凶）

【四四畫】百般追求，事與願違，貪功好進，必招失敗（凶）

【四五畫】楊柳遇春，綠葉發枝，重新而來，一舉成名（吉）

【四六畫】仕途不平，艱難重重，若無耐心，難望有成（凶）

【四七畫】貴人相助，可成大業，雖遇颱風，變化不大（吉）

【四八畫】美花豐實，鶴立雞群，名利雙收，繁榮富貴（吉）

【四九畫】遇吉則吉，遇凶則凶，惟靠謹慎，逢凶化吉（凶）

【五十畫】吉凶互見，一成一敗，凶中有吉，吉中有凶
（吉帶凶）

【五一畫】一盛一衰，浮沉不常，自重自處，可保平安
（吉帶凶）

【五二畫】草木逢春，雨過天晴，渡過難關，即獲成功（吉）

【五三畫】盛衰參半，外祥內憂，先甘後苦，先凶後吉

（吉帶凶）

【五四畫】雖傾全力，難望成功，此數不吉，變通轉型（凶）

【五五畫】外觀隆昌，內隱暗憂，克服困難，泰運自來

（吉帶凶）

【五六畫】事與願違，成功困屯，欲速不達，有始無終（凶）

【五七畫】雖有逆境，時來運轉，曠野枯草，逢春花開

（凶帶吉）

【五八畫】半凶半吉，沉浮多端，始凶終吉，能保成功

（凶帶吉）

【五九畫】遇事猶疑，無法成事，大刀闊斧，可得成就（凶）

【六十畫】黑暗無吉，心迷意亂，出爾反爾，難定目標（凶）

【六一畫】雲遮半月，內隱風波，應自謹慎，始保平安

（吉帶凶）

【六二畫】煩憂懊惱，事業難展，自防災禍，始免困境（凶）

【六三畫】萬物化育，繁榮之象，專心一意，必能成功（吉）

【六四畫】見異思遷，十九不成，無功而返，不如變通（凶）

【六五畫】吉運自來，能享名利，把握機會，必獲成功（吉）

【六六畫】晝短夜長，進退不祥，內外失利，信用缺乏（凶）

【六七畫】獨營事業，事事如意，功成名就，富貴自來（吉）

【六八畫】思慮週詳，計劃行事，不失先機，即可成功（吉）

【六九畫】動搖不定，常陷困境，不得時運，難得利潤（凶）

【七十畫】慘淡經營，難免貧困，此數不祥，最好變通（凶）

【七一畫】吉凶不定，惟賴勇氣，貫徹力行，即可成功

（吉帶凶）

【七二畫】利害混雜，否多泰少，得而復失，難得安定（凶）

【七三畫】安樂福來，自然吉慶，力行不懈，必獲成就（吉）

【七四畫】得不及費，坐食難安，如無智謀，難望成功（凶）

【七五畫】吉中帶凶，欲速不達，進不如守，可保安祥

（吉帶凶）

【七六畫】此數不祥，事業重來，變通行事，以避厄來（凶）

【七七畫】先否後甘，先甘後否，如能安份，不致重來

（吉帶凶）

【七八畫】先得後失，華而不實，須防劫財，始保安順

（吉帶凶）

【七九畫】如行夜路，苦無目標，希望落空，勞而無功（凶）

【八十畫】得而復失，枉費心機，守成勿進，可保安穩

（吉帶凶）

【八一畫】極旺之數，還本歸元，能得繁榮，發達成功（吉）


我們舉幾個例說明熊崎氏81劃吉凶數的準確度？

第一個例子是我們的李前總統，李登輝先生比對熊崎氏81劃吉凶數的準確度？

| | 1 | |
|---|---|---|
| | 李 7 | 8 金<br>天格 |
| 16 土<br>外格<br>吉數 | 登 12 | 19 水<br>人格<br>凶數 |
| | 輝 15 | 27 金<br>地格<br>吉帶凶 |
| | 34<br>總格<br>凶數 | |

我們看李前總統，李登輝先生人格是19劃的凶數，19劃的文字說明是「成功雖早, 慎防虧空, 內外不和, 障礙重重」。

地格是27劃的吉帶凶，27劃的文字說明是「一成一敗、一盛一衰, 唯靠謹慎, 可守成功」。

總格是34劃的凶數，34劃的文字說明是「災難不絕，難望成功，此數大凶，不如更名」。

外格是16劃吉數，16劃的文字說明是「能獲眾望，成就大業，名利雙收，盟主四方」。

以熊崎氏81劃吉凶數來看，一個人如果凶數多於吉數可以當到總統，吉數多的人要到底要當什麼去了，我們就可以知道熊崎氏81劃吉凶數準確度的高低了。

第二個例子是創立鴻海的懂事長郭台銘先生，比對熊崎氏81劃吉凶數的準確度？

| | 1 | |
|---|---|---|
| | 郭 15 | 16 金<br>天格 |
| 15 土<br>外格<br>吉數 | 台 5 | 20 水<br>人格<br>凶數 |
| | 銘 14 | 19 金<br>地格<br>凶數 |
| | 34<br>總格<br>凶數 | |

我們看鴻海的董事長郭台銘先生，郭台銘先生的人格是20劃的凶數，20劃的文字說明是「智高志丈，歷盡艱難，焦心憂勞，進退兩難」。

地格是19劃的凶數，19劃的文字說明是「成功雖早，慎防虧空，內外不和，障礙重重」。

總格是34劃的凶數，34劃的文字說明是「災難不絕，難望成功，此數大凶，不如更名」。

外格是15劃吉數，15劃的文字說明是「謙恭做事，外得人和，大事成就，一門興隆」。

我們以熊崎氏81劃吉凶數來看，如果一個創辦公司人凶數多於吉數可以創業成功，吉數多的人豈不是比郭台銘先生還成功，豈不是可以當好幾家公司的董事長，所以我們就可以知道熊崎氏81劃吉凶數準確度的高低了。

第三個例子是大高雄市長陳菊女士，比對熊崎氏81劃吉凶數的準確度？

| | | |
|---|---|---|
| | 1 | |
| | 陳 16 | 17 金 天格 |
| 2 木 外格 凶數 | 菊 14 | 30 水 人格 吉帶凶 |
| | 1 | 15 金 地格 吉數 |
| | 34 總格 吉帶凶 | |

　　我們看大高雄市長陳菊女士，陳菊市長人格是30劃是吉帶凶，30劃的文字說明是「吉凶參半,得失相伴,投機取巧,如寶一樣」。

　　地格是15劃的凶數，15劃的文字說明是「謙恭做事,外得人和,大事成就,一門興隆」。

　　總格是30劃是吉帶凶，30劃的文字說明是「吉凶參半,得失相伴,投機取巧,如寶一樣」。

　　外格是2劃的凶數，2劃的文字說明是「根基不固,搖搖欲墜,一盛一衰,勞而無功」。

　　若以熊崎氏81劃吉凶數來看，如果一個人凶數多於吉帶兇數的陳菊女士可以選上當高雄市市長，2010年又連任選上大高雄直轄市市長的陳菊女士；足以証明熊崎氏81劃吉凶數是不準的，我們就知道為什麼有這麼多命理師會說熊崎氏81劃吉凶數準確度是不高，就是這個原因。（補充說明，在熊崎氏姓名學裡面，「天格」是不看筆劃數的吉凶）

# 第二節　　太乙派姓名學
## 「代表人物：林大為老師」

　　大概是在民國十年前後左右，熊崎氏姓名學引進之後，很多人開始去學習熊崎氏姓名學之後，後來發覺不是很準。後來開始有很多老師去把「熊崎氏姓名學」做一些修正。第一個出現的就是太乙派姓名學，大原則他的架構跟熊崎氏姓名學是差不多。

　　但是太乙派姓名學在五行的相生與相剋上，有做了一些修正，提出兩個理論，第一個叫做生之非生，第二個叫做剋之非剋。原則上太乙派姓名學，喜歡五行的相生，比較害怕五行的相剋。

　　第一個什麼叫做生之非生。所謂的生之非生就是土生金，金要在土上是好的，這樣才看得到金的價值；金在土的下面就是不好的，如果金被埋在土裡面，沒有被挖掘出來不能顯現出金的價值。

譬如說我們舉例說明，假設這位柯沛彤小姐，她是地格15的土生人格17的金，就是所謂的金在土上，是好的相生，因為金的價值是可以看得到的以及顯現出來，所以是好的土生金。

|  | 1 |  |
|---|---|---|
|  | 柯 9 | 10 水 天格 |
| 8 金 外格 | 沛 8 | 17 金 人格 |
|  | 彤 7 | 15 土 地格 |
|  | 24 火 總格 |  |

這一種生是好的生，因為金在土，看得到金的價值。

生

相反的譬如說，假設這位劉展宏先生，人格是25的土去生地格18的金，金被埋在土裡面，就無法顯現出金的價值，就是所謂的生之非生。

|   | 1 |   |
|---|---|---|
|   | 劉 15 | 16 土 天格 |
| 9 水 外格 | 展 10 | 25 土 人格 |
|   | 汯 8 | 18 金 地格 |
|   | 33 火 總格 |   |

這一種生是不好的生，因為金在土下，看不到金的價值。

生

第二個什麼叫做剋之非剋。所謂的剋之非剋就是木剋土，木（樹）在土上才是剋，木（樹）長在土上面是正常，也是一種正常的剋。木（樹）在土的下面就被埋掉了就不是剋。

譬如說我們舉例說明，假設這位董小雯小姐，她是人格21木去剋地格15土，是木（樹）在土上面是正常的剋。

**211**

| | 1 | |
|---|---|---|
| | 董 18 | 19 水 天格 |
| 13 火 外格 | 小 3 | 21 木 人格 |
| | 雯 12 | 15 土 地格 |
| | 33 火 總格 | |

這一種剋是好的剋，木直接剋在土上，才是真正

剋

相反的譬如說假設這位管筑玲小姐，地格22木去剋人格26土，不是真正的剋，因為木在土的下面的剋不是真正的剋，就是所謂的剋之非剋。

| | 1 | |
|---|---|---|
| | 管 14 | 15 土 天格 |
| 11 外 外格 | 筑 12 | 26 土 人格 |
| | 玲 10 | 22 木 地格 |
| | 36 土 總格 | |

這一種剋是不好的剋，因為木在土下，不是真正

剋

太乙派姓名學提出了以上兩個理論，太乙派姓名學把（熊崎氏姓名學）做了一些修正，包含一些筆劃數的應用以及做了一些新的統計，這個準確度就比（熊崎氏姓名學）高了。太乙派的代表人物是「林大為」老師。太乙派標榜的是三代姓名學。我們如果聽到是三代單傳的姓名學，我們要有個概念，就是姓名學能夠傳到三代，他的時間要夠久。太乙派姓名學的準確度，有學過用過的人都知道。

## 第三節　　天運派姓名學
### 「開山祖師：是許人權老師」

後來在民國七十幾年的時候，有一位許人權老師，他發展了一套天運派姓名學。天運派的概念，算是比較新的創舉，他認為說即使是「同名同姓的人」，出生在不同的年分（年次），他的成就是不會一樣的。他因為加入了天運（六十甲子納音五行），因為每過一年都會有一個不同的天運五行存在（如下圖表所示）。

## 六十甲子納音五行表

| 甲子乙丑 海中金 | 戊辰己巳 大林木 | 壬申癸酉 劍鋒金 | 丙子丁丑 澗下水 | 庚辰辛巳 白臘金 | 甲申乙酉 井泉水 | 戊子己丑 霹靂火 | 壬辰癸巳 長流水 | 丙申丁酉 山下火 | 庚子辛丑 壁上土 | 甲辰乙巳 覆燈火 | 戊申己酉 大驛土 | 壬子癸丑 桑拓木 | 丙辰丁巳 沙中土 | 庚申辛酉 石榴木 |
|---|---|---|---|---|---|---|---|---|---|---|---|---|---|---|
| 丙寅丁卯 爐中火 | 庚午辛未 路旁土 | 甲戌乙亥 山頭火 | 戊寅己卯 城頭土 | 壬午癸未 楊柳木 | 丙戌丁亥 屋上土 | 庚寅辛卯 松柏木 | 甲午乙未 沙中金 | 戊戌己亥 平地木 | 壬寅癸卯 金箔金 | 丙午丁未 天河水 | 庚戌辛亥 釵釧金 | 甲寅乙卯 大溪水 | 戊午己未 天上土 | 壬戌癸亥 大海水 |

　　在如下圖，加入「六十甲子年＋西元年＋民國年＋生肖＋天運五行表」，以方便綜合查閱西元年、民國年、六十甲子年、生肖、天運五行；如下表請參照：

| 西元 | 1912 | 1913 | 1914 | 1915 | 1916 | 1917 | 1918 | 1919 | 1920 | 1921 |
|---|---|---|---|---|---|---|---|---|---|---|
| 民國 | 1 | 2 | 3 | 4 | 5 | 6 | 7 | 8 | 9 | 10 |
| 干支 | 壬子 | 癸丑 | 甲寅 | 乙卯 | 丙辰 | 丁巳 | 戊午 | 己未 | 庚申 | 辛酉 |
| 生肖 | 鼠 | 牛 | 虎 | 兔 | 龍 | 蛇 | 馬 | 羊 | 猴 | 雞 |
| 天運 | 木 | 木 | 水 | 水 | 土 | 土 | 火 | 火 | 木 | 木 |
| 西元 | 1922 | 1923 | 1924 | 1925 | 1926 | 1927 | 1928 | 1929 | 1930 | 1931 |
| 民國 | 11 | 12 | 13 | 14 | 15 | 16 | 17 | 18 | 19 | 20 |
| 干支 | 壬戌 | 癸亥 | 甲子 | 乙丑 | 丙寅 | 丁卯 | 戊辰 | 己巳 | 庚午 | 辛未 |
| 生肖 | 狗 | 豬 | 鼠 | 牛 | 虎 | 兔 | 龍 | 蛇 | 馬 | 羊 |
| 天運 | 水 | 水 | 金 | 金 | 火 | 火 | 木 | 木 | 土 | 土 |
| 西元 | 1932 | 1933 | 1934 | 1935 | 1936 | 1937 | 1938 | 1939 | 1940 | 1941 |
| 民國 | 21 | 22 | 23 | 24 | 25 | 26 | 27 | 28 | 29 | 30 |
| 干支 | 壬申 | 癸酉 | 甲戌 | 乙亥 | 丙子 | 丁丑 | 戊寅 | 己卯 | 庚辰 | 辛巳 |
| 生肖 | 猴 | 雞 | 狗 | 豬 | 鼠 | 牛 | 虎 | 兔 | 龍 | 蛇 |
| 天運 | 金 | 金 | 火 | 火 | 水 | 水 | 土 | 土 | 金 | 金 |
| 西元 | 1942 | 1943 | 1944 | 1945 | 1946 | 1947 | 1948 | 1949 | 1950 | 1951 |
| 民國 | 31 | 32 | 33 | 34 | 35 | 36 | 37 | 38 | 39 | 40 |
| 干支 | 壬午 | 癸未 | 甲申 | 乙酉 | 丙戌 | 丁亥 | 戊子 | 己丑 | 庚寅 | 辛卯 |
| 生肖 | 馬 | 羊 | 猴 | 雞 | 狗 | 豬 | 鼠 | 牛 | 虎 | 兔 |
| 天運 | 木 | 木 | 水 | 水 | 土 | 土 | 火 | 火 | 木 | 木 |
| 西元 | 1952 | 1953 | 1954 | 1955 | 1956 | 1957 | 1958 | 1959 | 1960 | 1961 |
| 民國 | 41 | 42 | 43 | 44 | 45 | 46 | 47 | 48 | 49 | 50 |
| 干支 | 壬辰 | 癸巳 | 甲午 | 乙未 | 丙申 | 丁酉 | 戊戌 | 己亥 | 庚子 | 辛丑 |
| 生肖 | 龍 | 蛇 | 馬 | 羊 | 猴 | 雞 | 狗 | 豬 | 鼠 | 牛 |
| 天運 | 水 | 水 | 金 | 金 | 火 | 火 | 木 | 木 | 土 | 土 |

| 西元 | 1912 | 1913 | 1914 | 1915 | 1916 | 1917 | 1918 | 1919 | 1920 | 1921 |
|------|------|------|------|------|------|------|------|------|------|------|
| 民國 | 1 | 2 | 3 | 4 | 5 | 6 | 7 | 8 | 9 | 10 |
| 干支 | 壬子 | 癸丑 | 甲寅 | 乙卯 | 丙辰 | 丁巳 | 戊午 | 己未 | 庚申 | 辛酉 |
| 生肖 | 鼠 | 牛 | 虎 | 兔 | 龍 | 蛇 | 馬 | 羊 | 猴 | 雞 |
| 天運 | 木 | 木 | 水 | 水 | 土 | 土 | 火 | 火 | 木 | 木 |
| 西元 | 1922 | 1923 | 1924 | 1925 | 1926 | 1927 | 1928 | 1929 | 1930 | 1931 |
| 民國 | 11 | 12 | 13 | 14 | 15 | 16 | 17 | 18 | 19 | 20 |
| 干支 | 壬戌 | 癸亥 | 甲子 | 乙丑 | 丙寅 | 丁卯 | 戊辰 | 己巳 | 庚午 | 辛未 |
| 生肖 | 狗 | 豬 | 鼠 | 牛 | 虎 | 兔 | 龍 | 蛇 | 馬 | 羊 |
| 天運 | 水 | 水 | 金 | 金 | 火 | 火 | 木 | 木 | 土 | 土 |
| 西元 | 1932 | 1933 | 1934 | 1935 | 1936 | 1937 | 1938 | 1939 | 1940 | 1941 |
| 民國 | 21 | 22 | 23 | 24 | 25 | 26 | 27 | 28 | 29 | 30 |
| 干支 | 壬申 | 癸酉 | 甲戌 | 乙亥 | 丙子 | 丁丑 | 戊寅 | 己卯 | 庚辰 | 辛巳 |
| 生肖 | 猴 | 雞 | 狗 | 豬 | 鼠 | 牛 | 虎 | 兔 | 龍 | 蛇 |
| 天運 | 金 | 金 | 火 | 火 | 水 | 水 | 土 | 土 | 金 | 金 |
| 西元 | 1942 | 1943 | 1944 | 1945 | 1946 | 1947 | 1948 | 1949 | 1950 | 1951 |
| 民國 | 31 | 32 | 33 | 34 | 35 | 36 | 37 | 38 | 39 | 40 |
| 干支 | 壬午 | 癸未 | 甲申 | 乙酉 | 丙戌 | 丁亥 | 戊子 | 己丑 | 庚寅 | 辛卯 |
| 生肖 | 馬 | 羊 | 猴 | 雞 | 狗 | 豬 | 鼠 | 牛 | 虎 | 兔 |
| 天運 | 木 | 木 | 水 | 水 | 土 | 土 | 火 | 火 | 木 | 木 |
| 西元 | 1952 | 1953 | 1954 | 1955 | 1956 | 1957 | 1958 | 1959 | 1960 | 1961 |
| 民國 | 41 | 42 | 43 | 44 | 45 | 46 | 47 | 48 | 49 | 50 |
| 干支 | 壬辰 | 癸巳 | 甲午 | 乙未 | 丙申 | 丁酉 | 戊戌 | 己亥 | 庚子 | 辛丑 |
| 生肖 | 龍 | 蛇 | 馬 | 羊 | 猴 | 雞 | 狗 | 豬 | 鼠 | 牛 |
| 天運 | 水 | 水 | 金 | 金 | 火 | 火 | 木 | 木 | 土 | 土 |

我們舉例說明，譬如說像我們的馬總統，馬英九先生，他是39（庚寅）年次，出生那一年天運是屬木的（查閱綜合表）。他出生的前一年（38年）或是後一年（40年）的天運五行是不一樣。

在天運派之前，姓名學是單純以名字來做好壞的應用。從天運派之後，他就加入了我們是那一年出生的會有所影響，所以算是當初一個蠻革命性的突破。天運派在我們台灣很多人在使用，準確度大概可以到達了7成左右。

以下我們來舉例說明介紹天運派姓名學的理論，和天運五行與姓名五格「天格、人格、地格、外格、總格」是如何的相生與相剋？

我們就以我們的馬總統，馬英九先生為例子，他是39年次（庚寅年）（查閱綜合表），出生的那一年天運是屬木。

39年〔庚寅年〕

庚寅年天運屬

「木」

| | | | |
|---|---|---|---|
| | 1 | | 大運 ○ 1-12歲　天格 |
| | 馬 10 | 11 木 天格 | |
| 3 火 外格 | 英 11 | 21 木 人格 | 大運○ 25-36歲　人格 |
| | 九 2 | 13 火 地格 | 大運◎ 13-24歲　地格 |
| | 33 火 總格 | | 大運 ◎ 49-60歲　總格 |

大運 ◎ 37-68歲　總格

| 項次 | 大運吉凶分類表 | 符號代表 |
|---|---|---|
| 1 | 天運生大運　→ 大吉 | ◎ |
| 2 | 天運相同大運 → 中吉 | ○ |
| 3 | 大運剋天運　→ 小吉 | △ |
| 4 | 大運生天運　→ 小凶 | ▼ |
| 5 | 天運剋大運　→ 大凶 | ★ |

以天運派姓名學來說「天格、人格、地格、外格、總格」五格稱之為「大運」，以大運的五行來對應出生年天運的五行論相生與相剋或平（比和），以我們的馬總統來說，他的「大運」天格11木和「天運」木是平（比和），代表說我跟天運是一樣，就是我跟地球的磁場一樣大，所以我們畫一個圈代表中吉「○」。

　　在來是「天運」的『木』來生馬總統「大運」地格13火、外格3火、總格23火是代表說地球的磁場對我付出、照顧跟奉獻，這個是對我最好的，所以我們畫兩個圈代表大吉「◎」。

　　譬如說，大運剋天運雖然是辛苦勞碌，但是有收穫。大運生天運好比是白忙一場，徒勞無功，沒有收穫。天運剋大運好比是賠了夫人又折兵，不是身體不好就是破大財。

　　在天運派裡面，提出來用天運跟名字的五格做搭配，可以算我們的大運，所謂的大運就是以12年為一輪的大運，我們出生到12歲，就是【1歲到12歲看天格。13歲到24歲看地格。25歲到36歲看人格。

【37歲到48歲看外格。49歲到60歲看總格】。看這五格當中，從幾歲到幾歲，天運與大運的相生和相剋或是比和論吉凶，來判斷歲數走到名字五格的其中一格，來論大運這12年過的好還是不好。

譬如說我們的馬總統他的地格是13的火。假設我們把他改成地格是15的土，就變成說『天運』的木來剋他「大運」地格15的土。地格是代表13到24歲，這12年的大運是辛苦的，代表13到24歲讀書求學這個階段是比較辛苦。

## 第四節　甲子乾坤姓名學派
### 「開山祖師：紀耀筆老師」

在過來是大概民國七十幾年，比較靠近八十年前後，就是有一位「紀耀筆」老師，他發展了一套甲子乾坤姓名學，紀老師是一位算八字很有名的老師。紀老師他對姓名學一直很有興趣，但是他學姓名學，他覺得姓名學不是很準。有一天，他突發奇想把八字的架構帶入姓名學裡面去做計算，後來他

發現準確度非常的高，比前面的姓名學(熊崎氏、太乙派、天運派)高太多了，後來他開始去做整理跟規劃，如何將八字的架構，帶入姓名學裡面去做論斷。

以下我們舉例說明，譬如說代父從軍的花木蘭，我們看她的名字排盤五格如下，花木蘭天格的偏印，地格的正財，外格的比肩和總格的正財是如何產生而來。

| | 1 | |
|---|---|---|
| | 花 10 | 11 木<br>天格<br>**正印** |
| 24 火<br>外格<br>**比肩** | 木 4 | 14 火<br>人格 |
| | 蘭 23 | 27 金<br>地格<br>**正財** |
| | 37 金<br>總格<br>**正財** | |

| 圖表①數字五行與天干陰陽符號圖表 | | | | | | | | | |
|---|---|---|---|---|---|---|---|---|---|
| 數字 | 1 | 2 | 3 | 4 | 5 | 6 | 7 | 8 | 9 | 0 |
| 五行 | 陽木 | 陰木 | 陽火 | 陰火 | 陽土 | 陰土 | 陽金 | 陰金 | 陽水 | 陰水 |
| 天干 | 甲 | 乙 | 丙 | 丁 | 戊 | 己 | 庚 | 辛 | 壬 | 癸 |
| 符號代表 | ＋ | － | ＋ | － | ＋ | － | ＋ | － | ＋ | － |

　　首先我們要先知道什麼是十神和數字的陰陽五行，以及十神是如何對應產生的，請參閱以下三張圖表解說明？

# 圖表② 數字五行對應人格五行十神參照表

| 人格 | 1木 | 2木 | 3火 | 4火 | 5土 | 6土 | 7金 | 8金 | 9水 | 0水 |
|---|---|---|---|---|---|---|---|---|---|---|
| 比肩 | 1木 | 2木 | 3火 | 4火 | 5土 | 6土 | 7金 | 8金 | 9水 | 0水 |
| 劫財 | 2木 | 1木 | 4火 | 3火 | 6土 | 5土 | 8金 | 7金 | 0水 | 9水 |
| 食神 | 3火 | 4火 | 5土 | 6土 | 7金 | 8金 | 9水 | 0水 | 1木 | 2木 |
| 傷官 | 4火 | 3火 | 6土 | 5土 | 8金 | 7金 | 0水 | 9水 | 2木 | 1木 |
| 偏財 | 5土 | 6土 | 7金 | 8金 | 9水 | 0水 | 1木 | 2木 | 3火 | 4火 |
| 正財 | 6土 | 5土 | 8金 | 7金 | 0水 | 9水 | 2木 | 1木 | 4火 | 3火 |
| 七殺 | 7金 | 8金 | 9水 | 0水 | 1木 | 2木 | 3火 | 4火 | 5土 | 6土 |
| 正官 | 8金 | 7金 | 0水 | 9水 | 2木 | 1木 | 4火 | 3火 | 6土 | 5土 |
| 偏印 | 9水 | 0水 | 1木 | 2木 | 3火 | 4火 | 5土 | 6土 | 7金 | 8金 |
| 正印 | 0水 | 9水 | 2木 | 1木 | 4火 | 3火 | 6土 | 5土 | 8金 | 7金 |

心 易 姓名學

我們查以上的圖表②是由姓名的五格，以「人格」的筆劃數（筆劃數只要看「個位數」）為基點準點，對應其他四格的筆劃數所查得的十神。「或者是由筆劃數陰陽五行的相生相剋或比和，算出十神」。但是由數字陰陽五行所產生的十神，因為有數字與陰陽五行的相生、相剋與比和的問題。

| | 1 | |
| | 花 10 | 11 木 天格 正印 |
| 24 火 外格 比肩 | 木 4 | 14 火 人格 |
| | 蘭 23 | 27 金 地格 正財 |
| | 37 金 總格 正財 | |

以人格為基準點

譬如說『相剋』好了，相剋是從那裡剋到那裡（如上圖「花木蘭」舉例說明）；假設我是人格剋地格，就代表是從我（我就是人格）這裡剋出去的，

224

所以是「我剋」，在由「我剋」去分數字的陰陽五行，而得地格的正財（可查圖表②而得知）。

　　在數字陰陽五行的相生、相剋與比和的狀態之下，所產生的「生我」、「我生」、「我剋」、「剋我」、「同我」的五種現象，這五種現象在去分陰陽大小就會產生十神，十神就是我們一般講的六親，六親就是我跟家人親人們的互動關係狀況，所以以下這五個「生我」、「我生」、「我剋」、「剋我」、「同我」就很重要，到底是別人付出給我，還是我付出給別人，以下是「生我」、「我生」、「我剋」、「剋我」、「同我」五種現象的含義介紹如下。以及在配合圖表④十神的簡易意義說明。

一、「**剋我**」：好比是我被約束、規範的意思。
二、「**我剋**」：好比是我去控制、主導的意思。
三、「**同我**」：好比是跟我一樣、平起平坐的意思。
四、「**我生**」：好比是我去付出、給予、關心跟照顧的意思。
五、「**生我**」：好比是我在接收、接受、對我關照與扶持的意思。

## 圖表③十神是如何產生的以及背誦口訣以及記憶方式（＋代表陽、－代表陰）

| 項次 | 生、平、剋關係 | 陰陽關係＋－ 或 －＋ | 陰陽關係－－ 或 ＋＋ | 背誦口訣以及記憶方式 |
|---|---|---|---|---|
| 1 | 生我為 | 正印 | 偏印 | 不同陰陽為正印、同陰或同陽為偏印 |
| 2 | 我生為 | 傷官 | 食神 | 不同陰陽為傷官、同陰或同陽為食神 |
| 3 | 同我為 | 劫財 | 比肩 | 不同陰陽為劫財、同陰或同陽為比肩 |
| 4 | 我剋為 | 正財 | 偏財 | 不同陰陽為正財、同陰或同陽為偏財 |
| 5 | 剋我為 | 正官 | 七殺 | 不同陰陽為正官、同陰或同陽為七殺 |

| 生剋關係 | 十神 | 意義說明 |
|---|---|---|
| | | **圖表④　生剋關係與十神的簡易意義說明** |
| 我生<br>（女生的子） | 食神 | 食祿、長壽、享樂、溫和樂天的享樂主義、反應快、付出不求回報。 |
| | 傷官 | 反叛、孤獨（需被重視）、進取、心的孤傲學者型、反應快、付出需要有 |
| 我剋（妻星）<br>（男人的妻子、父親） | 偏財<br>（才） | 流通財（商業投資）、商才、重視社交以及人際關係（比較肯花錢）、漏財、與正財並存時看成男人的情人。 |
| | 正財 | 務實、儲蓄財、勤勉、認真規矩的儲蓄家、腳踏實地、小氣一些、男人的妻子。 |
| 剋我（官星）<br>（長官、<br>女人的先生<br>男人的子<br>女） | 七殺<br>（偏官） | 有攻擊性、爭鬥、脾氣較差、富義氣的大哥（流氓）、武官、不會手下留情。 |
| | 正官 | 正當的規範、誠實、品性端正、文官人員）、清廉穩健、不易違法、會手下 |
| 生我（印星）<br>（長輩、<br>母親） | 偏印<br>（卩） | 偏門的學問知識（中醫、宗教命理）、我行我素（孤獨）、剋子、不拘於形式的藝術家、鬼才、偏印會排斥不一定是貴人。 |
| | 正印<br>（貴人） | 正統的學問知識、名譽、學歷、重視傳統、貴人。 |
| 同我（自己的兄弟姊妹、朋友） | 比肩 | 自立進取心強、比較良性的競爭、愛面子。 |
| | 劫財 | 破財、賭博（股票、劫人家的財）、重朋友（不看重錢、做保、被劫財）、雙面人、隱藏的野心。 |

　　我們要如何把，八字十神的架構帶入姓名學裡面來論斷，論斷的方式都是以「人格」為起點，人格就是代表我自己，以人格我之（數字只要看「個位數」）數字五行為起點（基準點），來對應相比較其他四格「天格、地格、總格、外格」的（數字只要看「個位數」）數字五行所產生求得的十神（特性）（可查圖表②而得知）帶入名字裡面來做姓名學的論斷，我們以「花木蘭」例子說明如下？

| | 1 | |
|---|---|---|
| | 花 10 | 11 木 天格 正印 |
| 24 火 外格 比肩 | 木 4 | 14 火 人格 |
| | 蘭 23 | 27 金 地格 正財 |
| | 37 金 總格 正財 | |

以人格為基準

譬如說代父從軍的花木蘭，我們以「人格」為基準點，人格就是代表我自己，數字的部分只要看「個位數」就可以了，單數為陽、雙數為陰。

我們來看花木蘭的天格11木去生人格是14火，就是天格對人格（我）付出，所以天格是正印，因為天格是11陽的木，人格是14陰的火是一陰一陽的相生所以是正印（看以上圖表③）。

在來是人格14火去剋地格27金，就是我剋為財，因為是一陰一陽的剋所以地格是正財（看以上圖表③），總格和地格一樣都是正財（看以上圖表③）。

在來是人格14火跟外格24火是相同的，因為這兩個都是陰的火，所以外格是比肩（看以上圖表③）。

我們要如何來論斷，花木蘭的天格是「正印」，天格的「正印」代表上司、長輩、父母親都是她的貴人，因為花木蘭她是從軍的，所以上司長官就是她的貴人，在古代包含黃帝都是貴人，這種的就是上司緣、父母緣都是很好。

在來花木蘭的地格是「正財」，「正財」就是我的財富，譬如說是房子、車子，不動產這一類的，「正

財」在地格（地格代表行為）做事情比較務實，一步一腳印。

※補充說明以八字來說「正財或偏財」代表男人的妻子和財富。

　　還有一個「正財」在總格，總格我們可以當事業來看，「正財」在總格適合做變化性不大的工作，領固定薪水，這種人比較踏實，賺錢喜歡存起來，是屬於保守型。所以花木蘭的「正財」在總格，畢竟她是當軍人的就是聽命令辦事情，所以做事情是比較循規蹈矩，一板一眼。

　　在來是花木蘭的外格是「比肩」，「比肩」就是比一比跟我差不多一樣的意思。譬如說在公司裡面，如果你（妳）遇到有升遷機會的時候，很容易會有一個資歷還是說能力跟你（妳）差不多的人出來跟你（妳）競爭。花木蘭的比肩在外格，就是代表她的朋友或者是她的競爭的對手是在外地。

以上就是將姓名的五格代入八字十神「正印、偏印、傷官、食神、劫財、比肩、正財、偏財、正官、七殺」特性來做姓名學的論斷。

## 第五節　九宮姓名學
### 「開山祖師：程天相老師」

在過來到了民國八十年初的時候，分別有兩位老師各推出了一套姓名學。

第一位是程天相老師推出來的是九宮姓名學。這一派的姓名學，其實是蠻特別。因為程老師是學工程跟工廠管理出身的。所以他的姓名學裡面對於人性，還有一些操作的概念他是非常的濃厚。因為他也是學理工科的，所以他用了很多科學的方式去做一些規劃跟統計。譬如說，這個人的管理方式，或是說這個人的帶動方式，以及他的行為模式跟思想傾向不同的一個姓名學派。

以下是介紹九宮姓名學的基本概念和理論，以及九宮姓名五格的名稱，以及九宮姓名學的機會點和十長的概念和理論？

以下介紹九宮姓名學的五格名稱，如下舉例說明？

| | 1 | |
|---|---|---|
| | 林 8 | 9 水<br>天格<br>**父母宮** |
| 12 火<br>外格<br>**遷移宮** | 依 8 | 16 土<br>人格<br>疾厄宮<br>財宮 |
| | 晨 11 | 19 水<br>地格<br>**子女宮、**<br>**夫妻宮、**<br>**奴僕宮** |
| | 27 金<br>總格<br>**命宮** | |

在九宮姓名學裡面「天格是代表父母宮，人格是代表疾厄宮、財宮，地格是代表子女宮、夫妻宮、奴僕宮，外格是代表遷移宮，總格是代表命宮」。

在學九宮姓名學之前我們首先要概略介紹兩個圖表，第一個九宮姓名學的機會點圖表，另一個是流年十長生圖表；九宮姓名學的流年機會點是用

「碰」的以及流年十長生運程是用「走」的，以下我們會舉例說明，如何運用這兩個圖表？

（九宮機會點圖表）

| 絕 | 名 | 財 |
|---|---|---|
| 煞 | 機會點圖表 | 官 |
| 衰 | | 利 |
| 敗 | | 交 |

（流年機會點圖表）

（九宮十長生圖表）

| 臨官 | 帝旺 | 衰 |
|---|---|---|
| 冠帶 | 十長生圖表 | 病 |
| 長生 | | 死 |
| 養 | 胎 | 絕 |

（流年長生運程圖表）

以下是介紹九宮姓名學的機會點以及用法，九宮姓名學的機會點是什麼，就是「名、財、官、利、交、敗、衰、煞、絕」這九個機會點。九宮的機會點是用「碰」的，機會點是算外在的（環境條件、時機）對我的影響，就是所謂流年的機會點是好還是不好，會不會影響到我出外發展。

　　九宮流年的機會點是算「外在的環境、條件、時機」好不好，流年的機會點，好比是萬事俱備只欠東風（的感覺），當老天爺機會給我們的時候，我們本身的專業知識是否充足準備好。本身累積的能量是否充足準備好，一切都準備好了。就等待時機，等待比較好的流年機會點出來創業，大展身手。

　　我們舉例說明，譬如說，演新兵日記孫安邦排長而紅的姚元浩（民國71年4月19日生）98年在成功嶺拍新兵日記，99年8月在民視播出收視長紅，98年姚元浩的機會點是「碰」那一個？要如何算機會點，以下介紹？

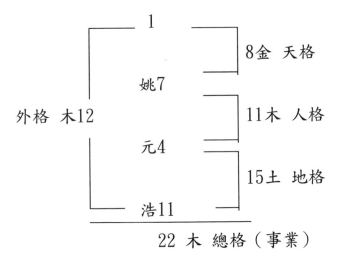

算事業的機會點是由總格算起，因為總格又代事業：

※總格數22＝2＋2＝4。（由4起「名」）。

※在來是算民國年：

民國98年9＋8＝17，1＋7＝8，民國98年的機會點在「8」碰「交」。

※總格「事業」的機會點要如何算：

就是由總格數22＝2＋2＝4；在算到民國年的相加數，就是民國98年＝9＋8＝17，1＋7＝8。機會點是由『4』起「名」算到『8』碰「交」，所以民國98年姚元浩碰到機會點是（8「交」），如下圖表所示說明：

## （流年機會點圖表）

| 絕3 | 名4 | 財5 → |
|---|---|---|
| 煞2 | 機 | 官6 ↓ |
| 衰1 | 會 點 | 利7 ↓ |
| 敗9 | 說 明 | 交8 ↓ |

| 項次 | 機會點 | 機 會 點 解 說 |
|---|---|---|
| 1 | 名 | 知名度高、貴人多,認同度大增,容易突顯、曝光、被發現。<br>老人家怕碰名,因為風光大葬。 |
| 2 | 財 | 賺錢運增加,在本業內聚財取財,不適合承接名望而來,除非收入增加。不適合出去闖新的事業;可以開分店。 |
| 3 | 官 | 在本業內升官、升格或兼差。新的事業勿闖。 |
| 4 | 利 | 往新的方向發展、改變;需要努力,但是不會有立即的實質收穫。 |
| 5 | 交 | 交換、改變、轉變。在總格為事業或人生上的轉變,在地格為感情上的轉變。 |
| 6 | 敗 | 失敗機率很高,烏雲遮頂;初期幻象錯覺多,引導走向失敗;流言誹聞多。<br>適合五鬼行業用。正當的工作最怕敗。 |
| 7 | 衰 | 天官賜福、貴人長輩幫忙,企圖心較弱,不適合往外衝。 |
| 8 | 煞 | 競爭、決鬥、起伏大;易有官司纏身及口舌是非。非法事業要小心。 |
| 9 | 絕 | 結束、空了。付出、白忙。以及為了下一年名望鋪路。 |

如上圖表說明,總格「事業」的機會點由『4』起「名」,算到民國98年的機會點在「8」。由4起「名」,5是財,6是官,7是利,8是交,所以民國98年的機會點是『8』走到「交」,如上圖表所示說明。

九宮流年機會點的起點都是從「名」為起點，所以姚元浩民國98年總格機會點是8碰到「交」，機會點碰到「交」是什麼含義，「交」，是交換、改變、轉變的含義。在總格為事業或人生上的轉變。所以姚元浩98年在拍新兵日記的時候，總格機會點是8碰到「交」，姚元浩在演藝生涯有了轉換跟改變，演新兵日記讓他有走紅的機會，要不然在這部戲之前，在演藝界浮浮沈沈十年左右。

　　以上這是九宮流年機會點的算法以及應用。以下是機會點的解說表：

　　在來我們介紹九宮姓名學的流年十長生運程（流年十長生是用「走」的），十長生就是「冠帶、臨官、帝旺、衰、病、死、絕、胎、養、長生」這十個，我們要怎麼算以及如何運用。

　　如下說明，譬如說我還是以姚元浩為例子，他是民國71年4月19日生。我們來看民國98年姚元浩流年十長生運程走到那一個？

| | 1 | |
|---|---|---|
| | 姚 7 | 8 金<br>天格 |
| 12 木<br>外格 | 元 4 | 11 木<br>人格 |
| | 浩 11 | 15 土<br>地格 |
| 22 木<br>總格<br>事業 | | |

流年長生運程要如何算起：

※總格數22當「歲數」來算，由22歲起「冠帶」。

※在來是算民國98年姚元浩的歲數：

　民國98年減出生71年＝27歲，在加虛歲「1」歲，所以是28歲，（我們中國人都講虛歲，所以要加虛歲「1」歲）。

　我們要如何算流年的長生運程是走到那一個呢；是由總格數22歲帶入「冠帶」算到民國98年，十長生走到「絕」；所以民國98年姚元浩28歲十長生運程到『絕』，如下圖表所示：

| | | |
|---|---|---|
| 臨官　　23歲<br>（93年） | 帝旺　　24歲<br>（94年） | 衰　　25歲<br>（95年） |
| 冠帶　22　歲<br>（92年） | 流年十長生<br>運程說明 | 病　　26歲<br>（96年） |
| 長生 | | 死　　27歲<br>（97年） |
| 養 | 胎 | 絕　　㉘歲<br>（98年） |

　　如上圖表所示，總格（事業）的流年長生運程是由「冠帶」為起點，所以由總格數（92年）22歲帶入「冠帶」，（93年）23歲是臨官，（94年）24歲是帝旺，（95年）25歲是衰，（96年）26歲是病，（97年）27歲是死，（98年）28歲是『絕』，所以民國98年姚元浩㉘歲流年長生運程走到『絕』。

　　九宮流年十長生的起點都是從「冠帶」為起點，所以民國98年姚元浩是28歲總格流年十長生走到「絕」。流年十長生運程走到「絕」是什麼含義，「絕」是氣虛，運勢弱，宜原地不動一切保守；適合讀書學習，學習運吸收力強。走到「絕」運的時候，適合改變或戒除不好的習慣，在到「絕」運的時候，要重人和，可以多和朋友連絡或者是認識新的朋友，貴人會被吸引進來。以下是流年十長生運程解說圖表（請參閱）。

| 項次 | 流年 | 流 年 十 長 生 運 程 解 說 |
|------|------|------------------------------------------|
| 1 | 冠帶 | 進入成年,企圖心,本質、自我性格及意識突顯、叛逆;自我主張很強;過度自我則不好,初出茅廬不畏虎。 |
| 2 | 臨官 | 面臨升官,工作能力增強,升格、伸展、成長之意,能量很強。 |
| 3 | 帝旺 | 運勢能量最高點、氣勢強;以自己為出發點,比較不容易相信別人,喜歡聽好話;但切忌衝過頭,因為物極必反(亢龍有悔);固帝旺下半年宜守。※流年的上半年與下半年的計算以生日作為基準點,前後各六個月。 |
| 4 | 衰 | 衰弱老化之意,倦怠、企圖心降低、想急流勇退、貴人運旺,有人幫忙。但是有人家來找投資勿去,因已老邁。 |
| 5 | 病 | 病急亂投醫,決策很亂,反反覆覆、不知何去何從,對自己沒主見,擔心東、擔心西,易生病或被誤診(老人家要注意)。 |
| 6 | 死 | 掛掉、放棄、想逃避、放開,有迴光返照的機會(前半年)、死裡逃生(後半年,可以轉換跑道或外地發展)、很會反省、死運比較容易說真話(人之將死其言也善)。 |
| 7 | 絕 | 空亡,氣虛,運勢弱,宜原地不動一切保守;適合讀書學習,學習運吸收力強。 |
| 8 | 胎 | 流年的起點,新的計劃或想法,新的開始,不宜太衝,要穩紮穩打,怕流產。勿有太多幻想或憧憬。 |
| 9 | 養 | 胎兒漸漸長大,從母體(長輩、原公司、原行業)吸收養分;內部貴人運旺。勿養成不良習慣。 |
| 10 | 長生 | 剛生出來,好奇心重,內外貴人運很旺。 |

以上就是介紹九宮姓名學，流年機會點以及流年長生運程的算法與應用，讓大家有所了解。

## 第六節　生肖派「開山祖師：陳安茂老師」

第二個是陳安茂老師所發展出來的生肖派姓名學。有一些人認為說，生肖派並不是陳老師發明，這個我們不去討論。可是從他開始生肖派姓名學是比較風行與流行。

生肖派姓名學的概念，除了可以從名字的看自己問題的之外，他還有一個非常革命性的創舉，就是不用算筆劃數。

前面的幾個姓名學大部分都還是要在算筆劃數，但是從生肖派姓名學之後，是純粹看文字，跟我們出生年的生肖去做配合，根據生肖的屬性和一些陰陽五行的搭配，可以來判斷名字的好壞。現在的姓名學老師不會生肖姓名學的很少。

以下概略介紹生肖姓名學的論斷方法：

在學生肖姓名學之前，首先一定要知道我們中國講的十天干和十二地支。十天干就是「甲（木）、乙（木）、丙（火）、丁（火）、戊（土）、己（土）、庚（金）、辛（金）、壬（水）、癸（水）」。

十二地支也是十二生肖「子（鼠）、丑（牛）、寅（虎）、卯（兔）、辰（龍）、巳（蛇）、午（馬）、未（羊）、申（猴）、酉（雞）、戌（狗）、亥（豬）」。

因為我們出生年是由「天干和地支」所組成的，跟我們之前介紹天運派姓名學（六十甲子年＋西元年＋生肖＋天運五行表）可做參照圖表用。如下表所

| 西元 | 1912 | 1913 | 1914 | 1915 | 1916 | 1917 | 1918 | 1919 | 1920 | 1921 |
|---|---|---|---|---|---|---|---|---|---|---|
| 民國 | 1 | 2 | 3 | 4 | 5 | 6 | 7 | 8 | 9 | 10 |
| 干支 | 壬子 | 癸丑 | 甲寅 | 乙卯 | 丙辰 | 丁巳 | 戊午 | 己未 | 庚申 | 辛酉 |
| 生肖 | 鼠 | 牛 | 虎 | 兔 | 龍 | 蛇 | 馬 | 羊 | 猴 | 雞 |
| 天運 | 木 | 木 | 水 | 水 | 土 | 土 | 火 | 火 | 木 | 木 |
| 西元 | 1922 | 1923 | 1924 | 1925 | 1926 | 1927 | 1928 | 1929 | 1930 | 1931 |
| 民國 | 11 | 12 | 13 | 14 | 15 | 16 | 17 | 18 | 19 | 20 |
| 干支 | 壬戌 | 癸亥 | 甲子 | 乙丑 | 丙寅 | 丁卯 | 戊辰 | 己巳 | 庚午 | 辛未 |
| 生肖 | 狗 | 豬 | 鼠 | 牛 | 虎 | 兔 | 龍 | 蛇 | 馬 | 羊 |
| 天運 | 水 | 水 | 金 | 金 | 火 | 火 | 木 | 木 | 土 | 土 |
| 西元 | 1932 | 1933 | 1934 | 1935 | 1936 | 1937 | 1938 | 1939 | 1940 | 1941 |
| 民國 | 21 | 22 | 23 | 24 | 25 | 26 | 27 | 28 | 29 | 30 |
| 干支 | 壬申 | 癸酉 | 甲戌 | 乙亥 | 丙子 | 丁丑 | 戊寅 | 己卯 | 庚辰 | 辛巳 |
| 生肖 | 猴 | 雞 | 狗 | 豬 | 鼠 | 牛 | 虎 | 兔 | 龍 | 蛇 |
| 天運 | 金 | 金 | 火 | 火 | 水 | 水 | 土 | 土 | 金 | 金 |
| 西元 | 1942 | 1943 | 1944 | 1945 | 1946 | 1947 | 1948 | 1949 | 1950 | 1951 |
| 民國 | 31 | 32 | 33 | 34 | 35 | 36 | 37 | 38 | 39 | 40 |
| 干支 | 壬午 | 癸未 | 甲申 | 乙酉 | 丙戌 | 丁亥 | 戊子 | 己丑 | 庚寅 | 辛卯 |
| 生肖 | 馬 | 羊 | 猴 | 雞 | 狗 | 豬 | 鼠 | 牛 | 虎 | 兔 |
| 天運 | 木 | 木 | 水 | 水 | 土 | 土 | 火 | 火 | 木 | 木 |
| 西元 | 1952 | 1953 | 1954 | 1955 | 1956 | 1957 | 1958 | 1959 | 1960 | 1961 |
| 民國 | 41 | 42 | 43 | 44 | 45 | 46 | 47 | 48 | 49 | 50 |
| 干支 | 壬辰 | 癸巳 | 甲午 | 乙未 | 丙申 | 丁酉 | 戊戌 | 己亥 | 庚子 | 辛丑 |
| 生肖 | 龍 | 蛇 | 馬 | 羊 | 猴 | 雞 | 狗 | 豬 | 鼠 | 牛 |
| 天運 | 水 | 水 | 金 | 金 | 火 | 火 | 木 | 木 | 土 | 土 |

| 西元 | 1962 | 1963 | 1964 | 1965 | 1966 | 1967 | 1968 | 1969 | 1970 | 1971 |
|---|---|---|---|---|---|---|---|---|---|---|
| 民國 | 51 | 52 | 53 | 54 | 55 | 56 | 57 | 58 | 59 | 60 |
| 干支 | 壬寅 | 癸卯 | 甲辰 | 乙巳 | 丙午 | 丁未 | 戊申 | 己酉 | 庚戌 | 辛亥 |
| 生肖 | 虎 | 兔 | 龍 | 蛇 | 馬 | 羊 | 猴 | 雞 | 狗 | 豬 |
| 天運 | 金 | 金 | 火 | 火 | 水 | 水 | 土 | 土 | 金 | 金 |
| 西元 | 1972 | 1973 | 1974 | 1975 | 1976 | 1977 | 1978 | 1979 | 1980 | 1981 |
| 民國 | 61 | 62 | 63 | 64 | 65 | 66 | 67 | 68 | 69 | 70 |
| 干支 | 壬子 | 癸丑 | 甲寅 | 乙卯 | 丙辰 | 丁巳 | 戊午 | 己未 | 庚申 | 辛酉 |
| 生肖 | 鼠 | 牛 | 虎 | 兔 | 龍 | 蛇 | 馬 | 羊 | 猴 | 雞 |
| 天運 | 木 | 木 | 水 | 水 | 土 | 土 | 火 | 火 | 木 | 木 |
| 西元 | 1982 | 1983 | 1984 | 1985 | 1986 | 1987 | 1988 | 1989 | 1990 | 1991 |
| 民國 | 71 | 72 | 73 | 74 | 75 | 76 | 77 | 78 | 79 | 80 |
| 干支 | 壬戌 | 癸亥 | 甲子 | 乙丑 | 丙寅 | 丁卯 | 戊辰 | 己巳 | 庚午 | 辛未 |
| 生肖 | 狗 | 豬 | 鼠 | 牛 | 虎 | 兔 | 龍 | 蛇 | 馬 | 羊 |
| 天運 | 水 | 水 | 金 | 金 | 火 | 火 | 木 | 木 | 土 | 土 |
| 西元 | 1992 | 1993 | 1994 | 1995 | 1996 | 1997 | 1998 | 1999 | 2000 | 2001 |
| 民國 | 81 | 82 | 83 | 84 | 85 | 86 | 87 | 88 | 89 | 90 |
| 干支 | 壬申 | 癸酉 | 甲戌 | 乙亥 | 丙子 | 丁丑 | 戊寅 | 己卯 | 庚辰 | 辛巳 |
| 生肖 | 猴 | 雞 | 狗 | 豬 | 鼠 | 牛 | 虎 | 兔 | 龍 | 蛇 |
| 天運 | 金 | 金 | 火 | 火 | 水 | 水 | 土 | 土 | 金 | 金 |
| 西元 | 2002 | 2003 | 2004 | 2005 | 2006 | 2007 | 2008 | 2009 | 2010 | 2011 |
| 民國 | 91 | 92 | 93 | 94 | 95 | 96 | 97 | 98 | 99 | 100 |
| 干支 | 壬午 | 癸未 | 甲申 | 乙酉 | 丙戌 | 丁亥 | 戊子 | 己丑 | 庚寅 | 辛卯 |
| 生肖 | 馬 | 羊 | 猴 | 雞 | 狗 | 豬 | 鼠 | 牛 | 虎 | 兔 |
| 天運 | 木 | 木 | 水 | 水 | 土 | 土 | 火 | 火 | 木 | 木 |
| 西元 | 2012 | 2013 | 2014 | 2015 | 2016 | 2017 | 2018 | 2019 | 2020 | 2021 |
| 民國 | 101 | 102 | 103 | 104 | 105 | 106 | 107 | 108 | 109 | 110 |
| 干支 | 壬辰 | 癸巳 | 甲午 | 乙未 | 丙申 | 丁酉 | 戊戌 | 己亥 | 庚子 | 辛丑 |
| 生肖 | 龍 | 蛇 | 馬 | 羊 | 猴 | 雞 | 狗 | 豬 | 鼠 | 牛 |
| 天運 | 水 | 水 | 金 | 金 | 火 | 火 | 木 | 木 | 土 | 土 |

　　在來我們要知道十二生肖的五行以及地支的六合、六冲、六害、三合、三會這是學生肖姓名學的基本要素。

1.【十二生肖五行】：『子（鼠）「水」、丑（牛）「土中藏水」、寅（虎）「木」、卯（兔）「木」、辰（龍）「土中藏木」、巳（蛇）「火」、午（馬）「火」、未（羊）「土中藏火」、申（猴）「金」、酉（雞）「金」、戌（狗）「土中藏金」、亥（豬）「水」』。

## 【十二生肖五行圖表】

| | | | |
|---|---|---|---|
| 巳　火<br>蛇 | 午　火<br>馬 | 未　土<br>羊 | 申　金<br>猴 |
| 辰　土<br>龍 | **丑是土中藏水**<br>**辰是土中藏木** | | 酉　金<br>雞 |
| 卯　木<br>兔 | **未是土中藏火**<br>**戌是土中藏金** | | 戌　土<br>狗 |
| 寅　木<br>虎 | 丑　土<br>牛 | 子　水<br>鼠 | 亥　水<br>豬 |

2. 【地支三合】：就是申子辰合水，巳酉丑合金，亥卯未合木，寅午戌合火。差 4 就是合。

地支三合是屬於合作關係，好比說一家公司有行政、管理、生產三個部門，由三個不同專業的人，各司其職，共同經營公司就是合作關係。在生肖姓名學裡面用三合的字根是好的。

## 【十二生肖地支三合】

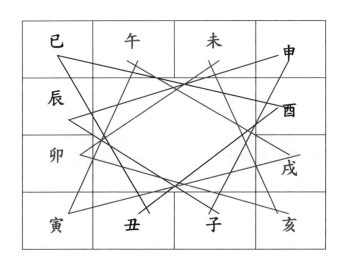

3. 【地支六合】：就是子丑合火，寅亥合木，卯戌
　火，辰酉合金，巳申合水，午未合火。

地支六合也是屬於合作關係，但是六合力量沒有三
合來得好。會有萬事俱備只欠東風的感覺。用六合
的字根只是沒有這麼強。

## 【十二生肖地支六合】

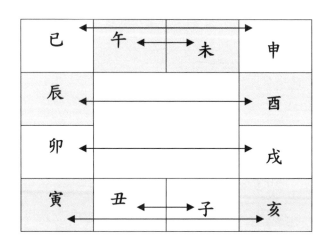

4. 【地支三會】：就是寅卯辰三會東方木。巳午未
　三會南方火。

申酉戌三會西方金。亥子丑三會北方水。

※ 在生肖姓名學來說寅卯辰三會東方木和申酉戌三會西方金是不能成三會的。因為寅卯辰三會，會有龍虎鬥（龍爭虎鬥）的問題，再來是（「玉兔見龍雲裡去」六害歌訣），所以只有寅卯可以木木相扶持。

※ 在來申酉戌三會西方金，也是不能成三會的。因為申、酉皆屬金，會有碰撞或者是摩擦。在來（「金雞遇犬淚雙流」六害歌訣）酉（雞）跟戌（狗）有雞飛狗跳含義。
所以只有巳午未三會南方火，火火比旺以及亥子丑三會北方水，水水相融這兩組可用

地支的三會是屬於物以類聚，大家集合在一起，團結力量大。
譬如說我們在參加運動會的時候，有一項叫拔河的運動，集合力量大的人參加拔河的運動。用三會的字根只有巳午未和亥子丑這兩組可用三會的力量也是很強。※（老鼠不能用三會，用了會降格）。

## 【十二生肖地支三會】

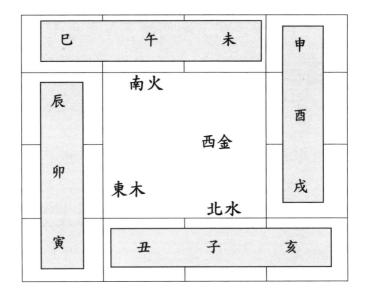

寅卯辰三會東方木。巳午未三會南方火。

申酉戌三會西方金。亥子丑三會北方水。

※以生肖姓名學來說寅卯辰三會和申酉戌三會是
不能用，因為有六害的問題，能用的只有巳午未三
會南方火和亥子丑三會北方水。

5. 【地支六害】：就是子未害、丑午害、申亥害
寅巳害、卯辰害、酉戌害。

地支六害有所謂的六害歌訣如下：

玉兔見龍雲裡去。（不見的是兔子，是一種傷心）

蛇遇猛虎如刀剉。（蛇遇老虎，蛇會受傷）

自古白馬怕青牛。（白馬會怕青牛，馬怕會受傷）

羊鼠相逢一旦休。（老鼠遇到羊是兩個一起都消失掉）

豬遇猿猴似箭投。（傷的是豬）

金雞遇犬淚雙流。（雞在淚雙流,是傷心）

## 【十二生肖地支六害】

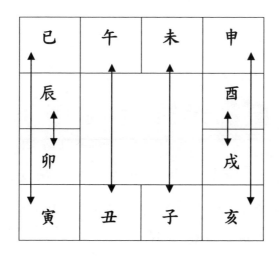

6.【地支六冲】：就是子午冲、丑未冲、寅申冲、卯酉冲、辰戌冲、巳亥冲。差 6 就是冲，冲有破壞、控制、磨練的含義。

## 【十二生肖地支六冲】

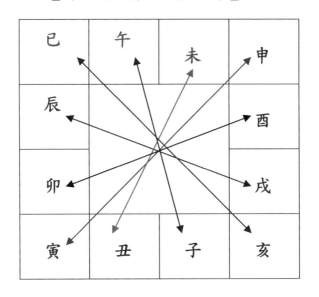

以上六個「地支六冲」「地支六害」「地支六合」「地支三會」「地支三合」「十二生肖的五行」基本的一定要知道與了解。

7.【生肖喜忌】：在來是要知道生肖的喜忌，什麼是喜忌就是喜歡與不喜歡的，大概可能分三大類，第一個是得位，第二個是得食，第三個是得地。

第一個什麼是「得位」，「得位」就是符合我的身份地位，各司其職。得位可分為「王格與士格」。

王格就是生肖屬老鼠、老虎、龍的人喜歡有「君、主、大、王、長、令」的王格字根，這個叫得位，適得其所。生肖屬老虎的不能用「君」字，因為有龍的含意，有龍虎鬥的意思。

士格就是生肖屬牛、兔、蛇、馬、羊、猴、雞、豬的人喜歡有「亞、次、士、丞、相、臣、小、少、幼」的字根，名字當中有士格字根的人，比較平易近人，人際關係不錯。（屬狗的「亞、士、丞、相、丑」字根不能用，因為辰戌丑未天羅地網冲）。

第二個什麼是「得食」，得食就是我需要的食物，得食可分為兩類，一個是吃肉食的生肖和吃五穀雜

糧的生肖。生肖屬蛇、狗的喜歡吃肉。生肖屬吃五穀雜糧的鼠、牛、雞、豬。生肖屬兔、馬、羊是吃草的。唯一吃水果的生肖是屬猴子的。生肖屬兔、馬、羊是吃草的。

第三個什麼是「得地」，得地就是適合生肖可以發揮專長的生存環境。所謂的「得地」就是說有些生肖可以有住家，也可以被飼養的，譬如說生肖屬牛、兔、馬、羊、猴、雞、狗、豬都適合用有住家的字根，表示安定安穩。生肖屬牛的不宜用「宇」和「安」字，因為有『牢』的含義。生肖屬兔的不能用「宇」和「安」字，因為有「冤」的含義，都會有徒勞無功的意義在裡面。

好比說生肖屬牛的見到有「田」的字根，就有耕耘田地適得其所的含義在。生肖屬馬的見草原有奔馳千里的含義在，既得食又得地。生肖屬老虎見「林、森、山」字根，是山林中藏老虎。

生肖屬兔子的見到有三口「品」洞穴字根，就是狡兔有三窟除了得地又可成為王格。生肖屬猴子的見到有水又有口的洞穴字根，所謂的水簾洞是猴子最喜歡的。

屬雞見「山」的字根，有雞上山頭（枝頭）變鳳凰的含義。好比說屬老鼠的喜歡有「口」的洞穴字根，人生常云：龍生龍、鳳生鳳，老鼠生的兒子會打洞，所有老鼠喜歡有「口」洞穴字根，屬蛇的也喜歡有「口」洞穴的字根，會有安全感，這兩種動物屬於夜行性動物。

生肖屬龍的是不食人間煙火，為有飛龍在天，才是得（天）地。生肖屬羊的可被飼養見草原或平原的或住家的字根既得食又得地，若用山丘的字根，會成為山羊，有專業能力出現，除了得地同時又有得位之義。屬狗的見到有草或平原的字根，連老虎都可欺負，因為虎落平陽被犬欺。生肖屬豬的最喜歡見到住家字根，是很有安全感。

　　因為生肖姓名學得地（環境）的字根還有很多，以上的舉例讓大家對生肖的屬性、特性有些很自然的了解和聯想，在大自然界的環境中去想像動物的，譬如說生活方式，居住場所，吃什麼食物等等，除了生肖「龍」的之外，其他的生肖我們先用自然界的方式去了解與聯想和想像。

8.【祭祀】：祭祀大典拜拜，就是拜神明十二生肖所扮演的角色，如下圖所示說明？

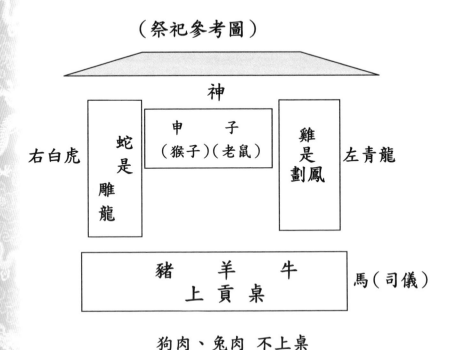

（祭祀參考圖）

狗肉、兔肉　不上桌

在拜拜祭祀大典中，有「示、鼎」這兩個字，我們常常會用到，以拜拜來說就是拜神明，老鼠（子）是十二生肖的第一個，牠是屬於可以被祭拜的對象。

神字的左邊（陽邊）的（申）字，是猴子的本位。在來就是會有左青龍（辰）右白虎（寅）；以及雕龍跟劃鳳，雕龍就是蛇（巳），劃鳳就是雞（酉）。

一般我們看到比較大的祭祀慶典中，譬如說廟宇的祭祀慶典中，拜的就是豬（亥）、羊（未）、牛（丑）。在祭祀大典中，（午）馬是司禮之馬，所扮演的是司儀角色的位置。

以上這張（祭祀參考圖）是什麼意思，就是說老鼠跟猴子為祭祀大典的中心，就是牠的本位，尤其是老鼠（子）跟猴子（申）本身還有帶三合，所以老鼠（子）喜歡「示跟鼎」的字，猴子（申）也蠻喜歡的，尤其是鼎字，「示」字是因為有猴子（申）本位的字根，只是弱了一點，「鼎」字對猴子（申）也不錯。

在來是龍(辰)跟虎(寅),為左青龍和右白虎,做為左右護法又有威儀又得位。不過這個「示」字跟老虎(寅)有寅申沖的問題,只有「鼎」字可以用。

在來是蛇(巳)跟雞(酉)。蛇(巳)會升格為雕龍,雞(酉)會升格成為劃鳳,這蛇(巳)跟雞(酉)兩個生肖很適合用到這個「示跟鼎」的字根。

在來是豬(亥)、羊(未)、牛(丑)都是拜拜用的,豬(亥)、羊(未)、牛(丑)用到祭祀的字根「示跟鼎」,就是代表要犧牲,對牠們不是很好。

在這裡唯一沒有提到的就是兔子(卯)和狗(戌),因為兔肉跟狗肉是不上貢桌,所以連犧牲都沒有辦法,即使是犧牲也沒有效果,在拜拜的時候豬(亥)、羊(未)、牛(丑)犧牲在祭典中,牠們會得到名。譬如說神豬比賽的時候,牠可能得到第一名會被稱讚,雖然到最後牠還是要犧

牲，但是至少還可以得到名。但是狗（戌）跟兔子（卯）犧牲了連名都沒有，就是白白的犧牲是沒畢要。

在來是馬（午），如果遇到「示跟鼎」的字根，牠就是司禮之馬，司禮之馬，他會很有禮貌、彬彬有禮，他可以掌禮儀，掌禮儀的意思就是說，他是比較能夠成為代言人或是能當公關的這種角色。生肖屬馬用「示跟鼎」的字根，當老師、任教職是還不錯，他的威儀會很好。

學生肖姓名學要掌握的部分會比較廣泛，除了以上基礎的部分要知道與熟悉之外，生肖的喜忌也要清楚跟明白，在生肖用字的部分也是一門功課，以後有機會在來詳談。

以下我們舉例說明生肖姓名學什麼是「得位、得食、得地」，譬如說演犀利人妻而紅的王宥勝，他是（1982）71（壬戌）年6月9日生的。

71 壬戌年

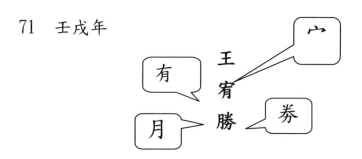

　　我們來看一下演員王宥勝的名字，他是71（壬戌）年次，首先我們看名一的「宥」字，宥字上面（陽邊）有個「宀ㄇㄢ」字，代表住家字根，宥字下面（陰邊）有個「有」字，代表食物字根。

　　在來是名二的「勝」字，勝字左邊（陽邊）有個「券」字，代表冠冕字根，勝字右邊（陰邊）有個「月」字，代表食物的字根。

　　我們說生肖姓名學「名一」是講感情的部分，宥字上面（陽邊）有個「宀ㄇㄢ」字，代表住家的字根，陽邊代表我的哥哥或弟弟。（或者我的堂兄弟以及表兄弟，跟我是同輩；以及我的同性朋友）。

陰邊，宥字下面（陰邊）有個「有」字，代表食物字根。陰邊代表我的姊姊或妹妹。（或者我的堂姊妹以及表姊妹，跟我是同輩；以及我的異性朋友）。

　　我們要如何來論斷，「名一」講感情的部分，與家中的哥哥、弟弟，姊姊、妹妹們相處融洽，感情很好，彼此會互相幫助。以人際關係來說與朋友互動佳（不論男的朋友或女的朋友），有來有往，朋友對他有幫助力，異性緣也不錯。

　　在來生肖姓名學「名二」是講事業工作的部分，勝字左邊（陽邊）有個「券」字，代表冠冕字根，陽邊代表不動產，如房子、土地、車子之類。

　　勝字右邊（陰邊）有個「月」字，代表食物的字根；陰邊代表動產，如股票、基金、期貨有價證券，以及珠寶、鑽石之類。

　　因為王宥勝是藝人，71年（壬戌年）生肖屬狗，以事業格局來說，「勝」字左邊（陽邊）有個「券」

字，代表冠冕的字根，生肖屬狗戴冠冕生格為老
虎，增添威儀，做什麼事情有板有眼，演什麼像什
麼；戲約不斷，演戲賺錢也可投資房地產。

　　勝字右邊（陰邊）有個「月」字，代表食物的
字根；「月」代表肉字，屬狗是肉吃的，表示衣食
無缺。「月」字又代表卯兔與戌狗又是六合，更添
財運。陰邊又代表動產，如股票、基金、期貨等有
價證券，以及珠寶、鑽石之類。也就是說他除了不
動產可投資之外，也可以投資動產如股票、基金、
期貨等有價證券，以及珠寶、鑽石之類。

　　藝人王宥勝是71年（壬戌年）生肖屬狗，姓
氏又好（姓「王」《得位》），「名一《得地》」
跟「名二《得食》」又取得好；名氣名望與人際
關係和事業都會有不錯的發展。以上是藝人王宥
勝的舉例說明。

　　生肖姓名學原本不是叫生肖姓名學，原本是
「名、情、財」姓名學，什麼是「名、情、財」姓
名學，陳安茂老師認為，名字的三個字可以看我們
人生的這三種現象，我們的大姓可以看科名；我們

中間的字可以看感情，包含了愛情、友情、平輩情等等；第三個字可以看我們的財，我們的財庫、財運。陳安茂老師他認為這三件事是人生最重要的。

　　「姓」加「名字」的三個字除了代表「名、情、財」之外，也代表「開始、過程、結果」的含義，如下舉例說明？

| 流　程　概　述 |
| :--- |
| 大姓（1到20歲），代表「名」也代表「開始」 |
| 名一（21到40歲），代表「情」也代表「過程」 |
| 名二（41到40歲），代表「財」也代表「結果」 |

　　為什麼我會這麼認為「姓氏」代表『名』之外也代表【開始】，名一代表『情』之外也代表【過程】，名二代表『財』之外也代表【結果】；我們都知道現在的社會大環境不是很好，生育一直在降低，除了特殊的龍年之外，在龍年生龍子龍女的是比較多，有過學生肖姓名學的都知道，在龍年生小

孩最好的姓氏是姓什麼，譬如說最好的姓氏是
「王、馬、孫」，因為先天與生俱來的福德、福報
就比較好。就以姓氏而言；生肖屬龍的「姓王」可
為王掌令；生肖屬龍的「姓馬」，有龍馬精神；生
肖屬龍的「姓孫」，除了是申子辰三合之外還有披
彩衣。

　　其他的不好的姓氏怎麼辦，我在取名字的經
驗當中，雖然大姓跟生肖合不到，最重要的就是
要把名一跟名二生肖用的字要取得好，補足開始
（大姓）起跑點的不足，就是我所謂的（名一「過
程」）讓他順利、順暢、順遂，最後（名二「結
果」）的用字取得好，也是圓滿、完美的結果。

　　雖然我的大姓不好跟生肖合不到，但是我的
名字名一跟名二取得好，過程是順利、順遂的到
最後我的結果還是好的。

又好比說我的頭腦不是這麼的聰明（大姓），在唸
書求學的過程中比別人還要認真努力（雖是辛苦
「名一」過程好的），最後考上自己理想的學校就
讀，最後「名二」用自取得好，最後結果還是好的。

也有一些姓氏跟自己的生肖可以相配合到的，往往不是「名一」沒有配合到，要不然就是「名二」都沒有合到生肖的用字很可惜，（總是有一種無力、無奈、獄卒的感覺）。

在生肖姓名學裡面，取名字的重點是「女重情、男重財」，就是女生取名字要注重「名一」（因為感情是女人的全部），若是用的「字」可分陰陽邊時要注重陽邊，因為陽邊是屬於男人緣的位置，是女人的夫婦宮位。相對的男人「名一」用的「字」可分陰陽邊時要注重陰邊，因為陰邊是女人緣的位置，是男人的夫婦宮位。剛好是上下左右對稱，用「字」分陰陽邊的時候，大家要注意「上為陽、下為陰」，「左為陽、右為陰」，若用字無法分陰陽邊時候，就是單一用字，就要看我們出生年的「天干地支」五行不要相剋。

我們舉例說明什麼是名字的「上為陽、下為陰，左為陽、右為陰」，譬如說我們以電視演員，連靜雯小姐為例子，舉例說明如下。

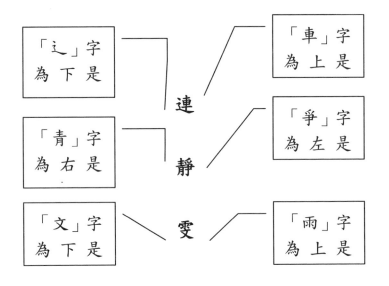

在來是男人取名字要注重「名二」財的部分，尤其用的「字」可分陰陽邊的時候，要注重是陽邊，因為陽為動、陰為靜，男人出外工作就是要勤奮、勤快、勤勞，也代表動產或不動產。「名二」陰邊為靜，代表股票、基金之類的，男人「名二」財庫陰邊有破，賺的錢財宜儲蓄存起來，結婚的男人宜給老婆理財或管理比較能守得住財。

在我的經驗中，雖然說取名字是「女重情、男重財」，但是現在的工商科技業的社會中，女人在工作職場上賺錢的能力，並不會輸給男人們。所以女生在取名字上面，名一跟名二兩者我都會給予並重，也因為社會環境的不同，有些女人也會認為感情婚姻不可靠，自己會賺錢讓生活過好一點，比較實際。

## 第七節　百家姓姓名學

在生肖派之後，其實還是有蠻多的老師推出了，他的一些經驗跟他們的觀念。像是有「百家姓姓名學」。他的概念很單純，就是我們的姓氏，譬如說不同的姓氏，所配的文字，用法也不同。他的概念也是沒有用筆劃數，純粹就是用『字』的「形、音、義」來做搭配使用。

## 第八節　　易卦姓名學

　　還有一個就是直接把姓名學, 轉化成易經類似文王卦的一種方式, 來做卦的計算就叫易卦姓名學。

## 第九節　　形家姓名學

　　還有一派比較特別, 叫形家姓名學, 純粹是把名字當做陽宅來論斷, 所以他的名字裡面會有左右青龍、右白虎跟前朱雀、後山玄武的這種概念, 叫形家姓名學。

## 第十節　　五柱姓名學

　　還有什麼五柱姓名學, 五柱姓名學的概念, 其實就是把姓名學直接當做八字來算。在台灣現在普及率還不是很高。

## 第十一節　玄空姓名學

　　還有一個是玄空姓名學，就是用一般我們講的「玄空飛星」，就是陽宅的論斷法，一樣是拿來做姓名學的推演。

　　大原則上，95%的姓名學老師，是比較傾向於前面6派(熊崎氏、太乙派、天運派、甲子乾坤派、九宮派、生肖派)的姓名學，來做計算與運用，後面這5派(百家姓、易卦、形家、五柱、玄空姓名學)其實是算冷門，這個比較冷門的學術，既然沒有辦法這麼大的風行。

　　我們認為就是說，可能他們這些姓名學的理論，還沒有一個完全的架構很完整。因為他們這些姓名學是個蠻新的學問，可能還在做一些統計的過程，所以我們不會以他們的為主體。

　　所以大部份，我們只要把這六派「熊崎氏、太乙派、天運派、甲子乾坤派、九宮派、生肖派」學完。95%的學理，在這個行業裡95%就是用這六派姓名

學，我們只要把這六派姓名學，能夠精通的時候，很自然的水準就非常高了。

以後我們的進階課程，將會針對這六大門派的姓名學做更深入更廣泛的探討，有機會的話大家再一起來學吧！

# 深入篇
# 第六章 心易姓名學的介紹

　　姓名學的門派有很多種, 要學我們這個「心易姓名學」, 首先必需要對我們這個「心易」要有所了解,「心易」也是從易經推展出來。所以我們必需從『易經』的角度切入來了解。其實『易經』很單純,『易』這個字就是「日、月」兩個字的合體, 這個「日」字就是太陽, 太陽比較熱, 所以是屬於陽性（圖1）。

心 → 日 → 陽 → 氣 → 磁場 → 能量 ↗ 筆劃（圖1）

易 → 月 → 陰 → 質 → 物質 ↘ 字 （圖1-2）

在來這個「月」字就是月亮, 月亮會反射太陽的光, 所以月亮是屬於陰性（圖1）。因為『陰』是屬於接收性,『陽』是屬於發射、放射性。應用在姓名學裡面, 我們會把『陰、陽』分成所謂的「質跟氣」（圖1）。

這個『氣』以現在的名詞來說，是所謂的「磁場」（圖1-1），是我們所有看不到、摸不到的東西，但是我們可以感覺得到，譬如說，這個人的火氣很大，還是說這個人的脾氣不好，還是說這個人他正氣凜然，還是說這個人邪氣比較重，像這種是用感覺的，我們沒有辦法很明確的去形容『氣』的存在，這種的感覺就是磁場的感應，我們通稱叫『氣』。

在來『質』就是「物質」（圖1-2），「物質」是我們能摸得到，能夠去操縱。可以碰得到、看得到的通稱叫『質』。在這個世界上所有「物質」的結構，『陰跟陽』一定是互補相互存在。『物質』有摸得到的物質，摸得到的物質就會伴隨著看不到的「磁場」，或者是所謂的「能量」。所以在科學上會有所謂質量的互變，「質量跟能量」是可以轉換，以中國人的五術觀點來說就是所謂的「行氣」，「氣跟質的改變，氣跟質的平衡」。

所以在我們中國人的易經系統裡面，有句話叫有質、不氣、不厭，有氣、無質、不靈，就是說如果質有問題，氣是好的，不見得會出現事情。氣有題，質如果是好的，也不見得會出問題。

　　我們先用一點陽宅的概念來形容，這個「質」可能是，譬如說我住的房子陽宅，也許對到了一些煞氣，而這個「氣」就是引動點，引動點就是時間點，時間點如果還沒有走到，可能什麼問題都不會有，或者是說今年流年的「氣」，對我的房子陽宅不是很好，凶象的時間點走到了，但是對我的房子陽宅，沒有造成什麼傷破。可能這個「氣」是對到房子旁邊的平地，房子前面的空地，或是房子的牆壁，這個「氣」可能就不會剋應出來。可是如果流年的「氣」走到有傷破的地方，譬如說走到剋應壁刀的方位，這個流年的「氣」就會被引動。當這個「氣」跟「剋應壁刀的方位」，這兩個「氣跟質」都有的時候準確度就會出來。

在我們的姓名學裡面這個『質』，就是所謂的用「字」（圖1－2），譬如說我們講易經的「易」字好不好，當然這個「易」字好不好，若以生肖姓名學來看，生肖屬龍的來用很好，生肖屬兔子的就不好，這就是用「字」，「字」就是『質』的論斷。

　　『氣』就是「筆劃數」（圖1－1），譬如說這個「易」字的筆劃數是「8劃」，這個筆劃數「8劃」對我好不好，是有兩種的論斷的原則。第一個，因為「易」字是寫出來，我們可以看得到，所以「易」字是「質」。在來第二個，「筆劃數」是虛的，我們看不見所以是『氣』。

　　我們整個心易姓名學的架構，我們必需要把『質跟氣』兩個都做結合，就會達到『質與氣』的平衡。大家可以去觀察，我們會發現「字形」算得出來的結果，常常跟「筆劃數」所算出來的結果，兩者是不會互相矛盾而是合的。這就是很多學用「字」的老師他可以用「字形」來論斷，準確度就很夠。事實上無形中「字形」跟「筆劃」是合在一

起。有很多只算「筆劃數」的老師,他也不看字,但是算出來的準確度還是很夠,因為「筆劃數與字形」有一種某種程度的平衡關係存在。

除非是改過的名字,改過的名字通常這兩個『質跟氣』是不平衡。如果我們以後看到這兩個『質跟氣』算出來的結果落差很大,通常都是改過的名字,而且可能只用一派姓名學的學理來改,所以就會形成比較大的矛盾,像這種的名字有些部分可能是好,另外一些部分可能就是不好。像這種的名字會造成很多的問題,在這個部分我們要小心注意。在來『易經』除了在講所謂的「質與氣」之外,我們要講到就是一些概念。

(圖2)

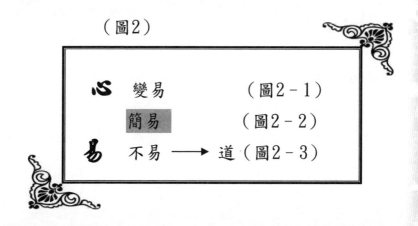

心　變易　　　(圖2－1)
　　簡易　　　(圖2－2)
易　不易 ─→ 道(圖2－3)

　　『易經』有三個不同的概念，就是「變易、簡易、不易」（圖2）。這個『易』字有一種交易就是改變的意思，所以『易』有「變易」的含義。「變易」的含義就是說，在這個世界上形形色色的事物是非常多種，「變易」的差異性很大，變化性也很大，也是一直在做改變，所以這個叫「變易」（圖2-1）。

　　在來我們中國人，老祖先在觀察世界運行的變化，發現認為應該要有一個「不易」（圖2-3），「不易」就是不會改變，常年存在的一種架構或者是說一種公式，還是說真理在主導這些變化。我們中國人的老祖先認為這些「不易」又叫做【道】（圖2-3），【道】就是不能夠改變的事物。所以我們中國人的老祖先們會從這個架構的概念去做改變，把這些的「改變、變易、變化」做一些歸納，歸納出來的一些方式就是「簡易」（圖2-2）。我們可以用簡單的方法去觀察或者是去發現，改變中的事物這個叫「簡易」（圖2-2）。所以易經的理論是從「不易」而來。

然而我們在用『易經』的時候是以「簡易」為主，簡單就是『易』。我們從這邊的「簡易」把簡易的原則把握住之後，我們就可以推論出很多「變易」，就是把這個「變易」的架構掌握了之後，我們許多人生遇到的問題，我們可以用很單純的構來去做計算，我們就不用每針對一件事情，就要每做一次的學習跟統計，這樣是很花費時間。

　　所以中國人的學術跟外國人不一樣，外國人是分科很細，譬如說大家都是當醫生，他們要分內科還是外科，還是精神科，他們會分很多種科系，你是學內科的人，外科的你就不會懂。

　　可是在我們中國人的學術裡面，整個的學術架構會在『易經』裡面，就是一些自然的道理，所發展出來的「山、醫、命、卜、相」五大類，這五大類最原始的根源就是來自於『易經』。所以我們只要把『易經』學懂，我們要學這些五術「山、醫、命、卜、相」就會很快，這樣就是掌握了「簡易」的架構，我們去推論很多的「變易」，就是很多形形色色的現象，我們可以很輕鬆掌握住「簡易的概念。

這是我們中國人老祖先們非常有智慧的一個地方。

　在來這個「簡易」到現在我們比較常用到，譬如說是河圖洛書，先後天八卦以及天干地支。我們可以用河圖洛書、先後天八卦、天干地支來推論出許多事物的現象，是非常多。

　（圖3）

|  | | |
|---|---|---|
| | 理：原則　（圖3-1） | |
| | | 理氣派 ┐（學院派） |
| 心 | 氣：能量（圖3-2） | ┘ |
| | | |
| 易 | 象：現象　（圖3-3） | |
| | | 象數派 ┐（江湖派） |
| | 數：計算　（圖3-4） | ┘ |

在來研究『易經』的課程會有四個項目,所謂的「理、氣、象、數」這四個（圖3）。這個『理』就是所謂的原理或原則,原理、原則就是不能夠改變（圖3-1）。這個『氣』我們講過,氣就是能量就是磁場,這個『氣』是看不到的事物（圖3-2）。這個『象』就是現象的意思（圖3-3）。這個『數』就是計算（圖3-4）,也就是說當這個現象出現的時候,我還要能夠計算,包含這個的「量」有多少,以及這個「現象」什麼時候會發生,我們需要計算。

（圖4）

| 心 | 理：原則<br>（圖4-1） | 理氣派（學院派） |
| | 氣：能量 | |
| 易 | 象：現象<br>（圖4-2） | 象數派（江湖派） |
| | 數：計算 | |

　　到後來整個易經的發展，就從「理氣派」（學院派）（圖4-1），和「象數派」（江湖派）兩者之間有所區隔（圖4-2）。「理氣派」研究的是，理論的過程，有研究能量的轉移，以及磁場的改變，這些都是看不到，因為「能量」是看不見，「原理」是一種「公式、概念、架構」是看不到，學這一派的人(理：原理，氣：能量)，後來叫做「理氣派」，就是「理、氣」加起來又叫學院派（圖4-1）。

　　學院派很重視理論，就是研究『易經』真正的架構在那裡，還是說「易」字為什麼要這樣寫，比較有哲學的概念。喜歡研究理論、哲學的比較傾向於這個（「理氣派」 學院派）。

　　在來就是有另一群人，他們覺得說這個看不到，摸不到的「理、氣」對人生的影響沒有很直接，他們比較專注在人生現象的變化，以及這些變化要如何才能算得出來，所以他們就發展出一套「象數派」，這一派又叫江湖派（圖4-2），他們是非常重視實務上的應用，因為研究在『易經』的「象：現象，數：計算」，他們必須要把易經易理所會產生的事物或

發生的現象，實際的運用在生活當中，而且是要很明確，然而這些現象的產生或是變化，必須是要看得到、摸得到才能夠計算。

譬如說像我們中國古代的三國時代，諸葛孔明要借箭，孔明如果算不出來什麼時候會起霧，他就不可能借到箭。在來什麼時候會起霧，這個「數」就很重要。甚至孔明要借風向，來用火燒連環船，他也必須要算得出來。所以學「象數派」，是要能夠計算，能夠算得出這個現象什麼時候會來，到了後期就淪落成「江湖派」（圖4-2），就是我們一般在講的算命，譬如說算我們人的吉凶禍福，會不會賺錢，所有人生的現象。

學「理氣派」，說的是理論和研究探討理論。學「象數派」，講的是實用的部分。但是（「象數派」江湖派）到了後來「象數派」有些理論就是比較不足，因為講求的是統計跟証驗，譬如說這樣算的會準他們就會留下來，就會變成很多口訣，然而這些的口訣可能已經在當初推理的過程中會失傳，甚至很多是沒有原則跟証驗，所統計出來的結論就是這樣，這種的口訣跟推理在江湖派很多。

（圖5）

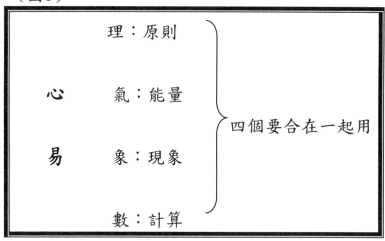

我們講過『質跟氣』是要一起用，所以「理、氣、象、數」是不能夠分開來用，是要一起用（圖5）。如果我們只有走「理氣」，自然界所產生的現象我們就算不出來，這種的概念是很虛幻。我們可以計算得出來現象，但是我們不知道「象與數」的原理，我們也沒有辦法去改變這個出現的現象，譬如說我可能算得來會有個災劫，可是我連這個現象是怎麼算出來的我都不清楚，如果我只是帶公式去算這個現象，是無法改變這個現象。所以在原理的部分我們也要懂，我們會把「理、氣、象、數」的寫法會有一些更改。

（圖6）

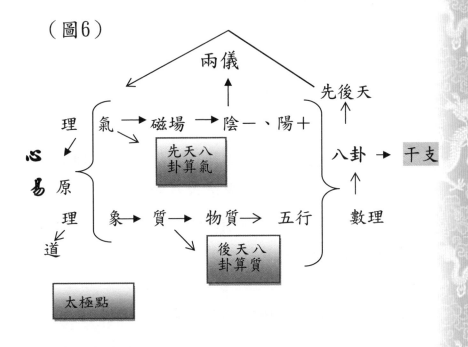

我們講過這個『理』是原理，又叫做【道】（圖6）。
這個『氣』我們叫磁場，磁場是一種感應（圖6）。
這種磁場的感應我們可以分成兩種，第一種是「由
內而外所出去」，第二種是「由外而內所進來」；
出去跟進來的這種兩種。我們一般會把『氣』分成
「陰氣（－）和陽氣（＋）」（圖6），「陽氣」
（＋）是（屬於發射性）發射出去；「陰氣」（－）
是（屬於接收性）接收進來。

　　這個『象』就是看得到的現象,看得到的現象我們叫「質」,就是所謂的「物質」（圖6）。我們中國人所講的「物質」,就是五行,所謂的「木、火、土、金、水」這五個就是「物質」。

　　這個『數』是要計算用,就「數理」（圖6）。我們中國人最常用的是先後天八卦,先後天八卦是拿來做計算用,在這邊我們就會發現說這個【道】（圖6）,【道】就是最原始的概念跟架構,所以【道】其實有易經「太極」的概念。學陽宅的人都知道「太極點」很重要,「太極點」是從陽宅這裡發展出來,在去論斷房子的吉凶好壞。相對的『易經』也是從「理」整個發展出來,所以【道】就是「太極點」（圖6）。

　　然而這個『氣』講的是陰陽兩氣,陰陽兩氣陽就是兩儀。以及這個『象』就是所謂的四象（圖6）。

　　然而這個『數理』就是「八卦」（圖6）,所謂的太極生兩儀,兩儀生四象,四象生八卦的概念,所以我們要了解磁場是有「出跟入」,陽跟陰的差別。

所以這個「兩儀」，「陰陽」出去跟進來。譬如說，到底是什麼樣的事物會出去，又是什麼樣的現象會進來。我們就必須要知道這個『象』就是「質」（圖6）。我們中國人是以五行「木、火、土、金、水」做為「質」的概念。

　　這個『質』的概念就很重要。假設我們今天論的是錢，出去是洩財，進來是得財。若以結果論來說所謂的「吉凶」就會差很多。假設今天我們如果算的是官司；出去跟進來，當然是出去的比較好，進來就不好，因為官司會纏身。

　　所以「陰陽是沒有好壞，陰陽只是出跟入的不同」，重點是出跟入是什麼『事物與現象』很重要。如果我們只知道這個事物與現象，卻不知道事物與現象的出跟入也沒有用。譬如說，我們以算命來說，算出來的可能是財，或許我們根本不知道是洩財還是得財，我們會沒有辦法掌握到。

　　就如同很多人學八字，他會算自己是否走財運，譬如說我這十年走財運，走十年的財運，有可能走的是洩財運，不見得是進財運，這樣會差很多。在來是陰跟陽的判斷就很重要。

　　相對我們要同時掌握『陰陽跟五行』就是『質跟氣』去做平衡,這樣我們才能夠論斷到很正確的內容。

　　在來是『質跟氣』要如何計算,「陰陽」是要用來計算,「五行」也是要用計算,計算一定是用八卦來計算(圖6)。常常會有人有所疑問,八卦為什麼要分「先天八卦」與「後天八卦」。因為先天八卦跟後天八卦就是從『質跟氣』所衍生出來。因為『八卦』要計算的有兩個;一個要計算『質』的「五行」是用「後天八卦」來計算;一個要計算『氣』的「陰(一)陽(十)兩氣」是用「先天八卦」來計算。所以要有兩套系統,兩個八卦來計算。

　　所以算『氣』的叫先天,因為「兩儀」比「四象」還要前面,算『質』的叫後天。『後天八卦是算「質」,先天八卦是算「氣」』。所以『陰陽五行』和『質與氣的平衡』是概念。我們在應用的時候是把『陰陽五行』統整進來,就是「先天八卦」與「後天八卦」裡面的每個卦象,會存在著「陰陽跟五行」,兩個卦象之間會有所變化,這就是「陰陽

跟五行」的變化，所以在計算時候我們會用「八卦」，這個八卦包含干支在裡面，有些人會直接用干支取代八卦來做計算。

因為「卦象」是一種圖文的符號，有的時候我們在做計算的時候，並不是很容易進入算式，譬如說像文王卦，是用卦爻的變化看現象，最後還是要轉成天干地支，還包括一些「印、比、洩、財、官」這一類的卦爻，譬如說是父母爻還是兄弟爻，是須要轉化成比較好切入的方式，所以很多人還是用干支來取代八卦做計算。

我們從這個卦爻架構會知道，我們不能把八卦的系統搞混。一樣是算『氣』的過程是用先天八卦，算『質』是用後天八卦。我們要知道「先天為體，後天為用」，既然兩個要一起用『質跟氣』就不能夠偏廢，要有這個觀念。

在來就是我們剛才提到有關，這個「理」，以上有介紹說明過，所謂的「不易」，就是【道】，是不會有變化。好比說，一千年前『易經』的「理」跟一千年後和現在的「理」是固定不變。

譬如說(圖7)，易經的乾卦，乾為天，乾就是代表天，我們都知道易經是有口訣可以背誦，所謂的「乾三連」，這三條線代表一種「符號」，代表乾卦，就是代表天。或許一千年後「乾三連」的口訣，可能不叫乾卦，但是「乾三連」這三條線所代表的「符號」，一樣會代表著天。因為「理」的概念是不會變。從「理」這個概念所演繹出來的先後天八卦，因為有配卦、以及重卦的問題，會有各式各樣的變化，可能會組成六十四卦還是三百八十四爻，甚至可以變化出N（很多）種卦象。就是六十四卦在重疊六十四卦，再重疊六十四卦，可以一直變卦下去，就會變成萬事萬物的卦象符號，就是我們剛才講過的「變易」

（圖7）

# 心 易

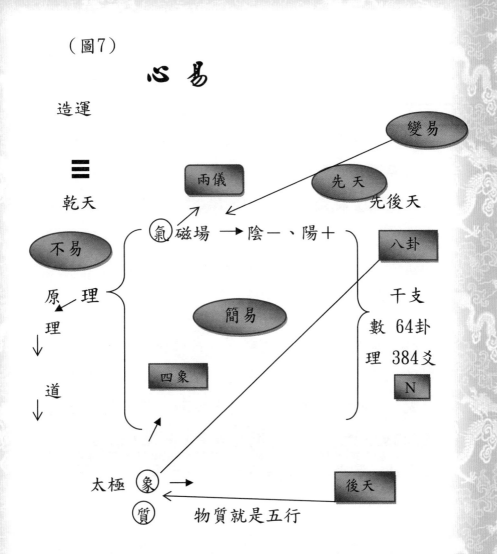

造運

≡
乾天

不易

原　理

理
↓

道
↓

氣 磁場 → 陰一、陽＋

兩儀

變易

先　天

先後天

八卦

干支

數　64卦

理　384爻

N

簡易

四象

太極 象 →

質　物質就是五行

後天

因為「變易」的變化是非常多。我們必須透過叫「簡易」，用簡單的方式，然而這個簡單的方式是從「不易」所推理出來（圖7-2）。在用「簡易」去推算「變易」所有產生的現象。在「簡易」中我們只要掌握「質跟氣」，掌握『質』就是「五行」，掌握『氣』就是「陰（一）、陽（十）」。我們中國人講的「山、醫、命、卜、象」，每一種命理都是掌握這兩個「質與氣」去做評論。

在姓名學裡面，『質』就是所謂的「用字」，『氣』就是所謂的「筆劃」。假設如果是學姓名筆劃數的人，一定會有所不足，或者只是學生肖用字的人，也會有所缺失。我們在論斷一個人的名字時候，就是出生時原本所用的名字（未經過改名字），這兩個「質跟氣」會合在一起，這是很特別的現象，大家可以去多做統計。

在我們要幫客戶改名字之前，會論斷本名的好壞與否。我們會發現未改過名字，用本名的我們可以算得準。有改過的名字不見算得準，因為改過的名字，『質跟氣』這兩個，可能少一個『質』

或是『氣』，『質與氣』這兩個一定要做平衡，這樣論斷的結構才會標準。以及在改名字的過程當中，我們還是講求「造運」才會有效。當然除了『質與氣』的平衡之外，『質與氣』要如何應用。我們要先把「不易、簡易、變易」這三個的架構有所了解、清楚與明白，先掌握住「簡易」的用法，後面的就很單純。

「簡易」就是陰（－）陽（＋）兩氣跟五行（木、火、土、金、水）。在姓名學中無論是學「筆劃數」，還是學「用字」，有許多的學理歸納到後來，還是離不了「陰陽五行」的用法。這兩個『質與氣』大家可以多去理解它的概念。

我們以上有講述過『氣在質的前面』，這個『體』是「氣」一定要有所了解與明白；這個『用』是「質」，才能夠用。譬如說我們拿刀子來做比喻，水果刀跟麵包刀的用法是不一樣，我們不可能拿麵包刀來切水果，也不可能拿水果刀來切麵包，兩者的用法不同。所以說我們一定要知道與了解，這個本體到底是什麼，我們在來學應用，讓大家有所了解與明白。

# 補充篇：

## 影響人生的因素（「李宗駒老師口述」 學生張士凱記錄）

　　影響人生的因素有很多種,可是我們一定要先知道有那些因素　會影響到人生。當我們知道什麼事情會影響到人生的時候,我們才能夠預防,我們才能夠掌握自己的人生。我們如果連變數都不清楚的話,我們要談到創造人生是很困難,因為我們不知道問題會出現在那裡,所以影響人生的因素這個課題很重要,然而這個課題在我們中國的早期有很多人都在探討,所以我們常常會聽到一句話叫做,一命、二運、三風水、四積陰德、五讀書的這些話語,這是我們中國老祖先歸納,說是影響人生的主要關係,影響人生最重要的因素有那些,根據《李宗駒老師》多年來的經驗,他發現整個影響到我們人生的原因與因素,我們可以歸納成幾項?大原則可以成三大類,就是天、人、地三大塊（如下圖1所示）。

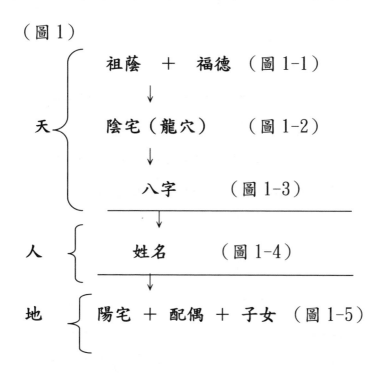

（圖1）

天 {
　祖蔭　＋　福德　（圖 1-1）
　↓
　陰宅（龍穴）　（圖 1-2）
　↓
　八字　（圖 1-3）
}

人 {
　姓名　（圖 1-4）
}

地 {
　陽宅 ＋ 配偶 ＋ 子女 （圖 1-5）
}

「天」就是我們沒有辦法更改的叫天。就是我們人在出生之前就存在,所以叫做『人力難回天』,主要有那些現象?

　第一個就是我們的祖蔭,祖蔭就是說我們的祖宗、祖先們到底是好事情還是壞事情。譬如說積善之家,人家都說積善之家必有餘蔭,就是這樣來。如果我們之前的祖先都是做好事,我得到福報的機率也比較多。在來就是我們本身前輩子所做的福德,

我自己前幾輩子做的都是好事情的話，我在福德的這一塊，所得到所的福分也就比較多（圖1-1）。

還有我的祖蔭跟我自己的福德之後，會造成什麼結果，會造成我們家的陰宅，陰宅就是我們一般人講的「龍穴」，會葬到什麼地方，好的陰宅（龍穴），我們要有相對的祖蔭以及福德跟福報，我們才有可能葬到好的陰宅（龍穴）（圖1-2）。

好的陰宅（龍穴）是如何影響到人，好的陰宅（龍穴）會創造我們的八字，也就是我們常講的「入土時、八字命」，這就是所謂的八字（圖1-3）。所以我們從個人的八字，我們可以回推到陰宅（龍穴）的情況。譬如說陰宅周遭的地勢，附近的山水，氣運走到幾年，這個是可以算得出來，我的祖先有沒有祖蔭，我前輩子的福德好不好，我們可以從八字逆推回去（圖1-3）。

從八字開始之後，我們人就生出來了。之前是「人」還沒有生出來的情況，所以在「人」之前我們都無能為力，因為我們出生之後這些的「祖蔭＋福德到陰宅（龍穴）到八字」（圖1）都已經決定

了就叫「天」，「天」就是代表我們已經沒有辦法改變，譬如說，我們沒有辦法改變天氣。

當我們生出來的時間叫八字（年、月、日、時）出現之後，爸爸媽媽會感應到我們出生時，八字帶我們給的磁場跟格局，在來爸爸媽媽會幫我們取一個名字（圖1-4），而這個姓名就代表了我們的磁場，所以名字也會充分反應在我們的八字裡面。

根據（李老師）的經驗，這個「姓名」很特別，當我們人一生出來時，所取的名字，尤其是在我們九歲之前的名字，我們把名字拿來分析，名字的格局會跟八字非常的相像。譬如說，這個是女強人型的名字，她的八字也會是女強人。

如果名字是帶桃花，八字也是桃花重。名字如果帶有婚破格，就是會有離婚的命格，八字也會帶離婚的格局。甚至名字是不容易生育，八字也是會有一樣的格局。所以爸爸媽媽在幫我們取名字的時候，冥冥無形之中，就會被我們的八字影響到，就算是我們在找老師改的名字也一樣，爸爸媽媽也會選擇一個適合 你的名字，然後爸爸媽媽在叫我們的

新名字。

所以「人」這一項又代表我們自己的名字，有了這個「名字」（如上圖1所示）之後，我們會被名字感應到，會住到適合我們自己的陽宅（圖1-5）。我們就會娶到或者是嫁給合妳命格的配偶（圖1-5），生到命中注定的子女（圖1-5）。這樣一切八字就會算得準。因為我們的名字會吸引到自己適合住的房子，譬如說我們的名字裡面是漏財的格局，我們所住到房子通常也是漏財的格局，什麼樣的人住什麼樣的房子。我們的名字如果是官格的，就會住到官氣比較重的房子。

俗話說，娶妻前跟生子後，其實配偶對我們人生，格局的影響是非常的大，在我（李老師）這麼多年的統計，很多人是配偶選錯了，然後開始事業兵敗如山倒，有很多人在單身的時候就很會賺錢，娶了老婆或嫁了老公之後，就開始負債累累。當然有很多人是相反的情況，有些男人娶了老婆之後就開始發了，以及有些女人嫁了之後，就開始過得像貴婦人般的生活，這也是很多。

在來就是小孩子，小孩子的力量也是非常的強，其實很多人的格局是被小孩子給破壞掉的很可惜。當然也有很多人因為小孩子而加分，一個小孩子生出來，如果跟我們爸爸媽媽是合的，就是小孩子的命格跟我們是相合的時候，譬如說，如果小孩子的生肖跟爸爸或媽媽，是三合或是三會的時候，這個小孩子會幫助我們至少有六年的家運。

我（李老師）看過很多的名字，就是本命格局普通，可是生了一個小孩子，讓他創造出千萬的身價出來，這個是履見不爽的非常多。大原則是這些「陽宅＋配偶＋子女」（圖1-5）都會被我們的名字所吸引。換句話說，什麼樣的男人就娶什麼樣的老婆，什麼樣的女人就嫁什麼樣的老公。有一半是磁場的互相吸引，我們沒有辦法改變，所以俗話說，龍生龍、鳳生鳳什麼樣的名字，會生什麼樣的小孩子，也是有磁場的影響。

（圖１）

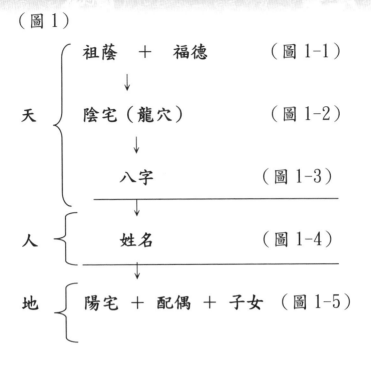

所以我們會發現影響人生的因素有多少，有這麼多（「祖蔭＋福德」到「陰宅（龍穴）」到「八字」到「姓名」到「陽宅＋配偶＋子女」）（如上圖1所示），歸納到最後，就是祖蔭跟福德最重要，我前輩子做了什麼，我們家前面幾代做了什麼，一路影響到我們家的陰宅（龍穴），影響到我的八字，影響到我的名字，最後到影響我的陽宅，我的配偶，我的子女，到最後算八字都會準。因為這邊（「姓名」到陽宅+配偶+子女）都會被「八字」影響到（圖1-5）。

假設我們用分數來算的話，譬如說假設你的祖蔭、福德平均起來是40分，你們家的陰宅（龍穴）肯定只有40分，你的八字也只有40，你的名字還是40分，你就會住到40分的陽宅，娶到40分的配偶，生了40分的小孩子，人生最後的結論是40分。（如下圖2所示）

（圖2）

|  | 祖蔭 ＋ 福德 | 40分 （圖2-1） |
|---|---|---|
| 天 | ↓ | |
|  | 陰宅（龍穴） | 40分 （圖2-2） |
|  | ↓ | |
|  | 八字 | 40分 （圖2-3） |

↓

| 人 | 姓名 | 40分 （圖2-4） |
|---|---|---|

↓

| 地 | 陽宅 ＋ 配偶 ＋ 子女 | （圖2-5） |
|---|---|---|
|  | 40分　　 40分　　　 40分 | |

可是如果我們要做更改，祖蔭跟福德是沒得改，如果我們把陰宅（龍穴）改到了60分，陰宅會不會影響到我們的八字，陰宅是不會影響到我們的八字，這個觀念大家一定要有。所謂在上面的（「祖蔭十福德」到「陰宅（龍穴）」到「八字」代表天）代表從我們出生的時間就是八字，從我們出生的時間「八字」，在我們出生之前的事情，我們改了都沒有效了，我們改陰宅（龍穴）要改變我的命格是困難不太容易。所以陰宅（龍穴）通常是改變之後才出生的人，效果比較強。譬如說，我們現在把陰宅改了，改完之後才生出來的人，他的分數才會提升，對我們自己並沒有什麼效果。

在來是我們有沒有可能改八字，八字也沒得改，八字如果要改的話，就是要回娘胎重新出來，所以這個八字也不可能改。台灣有些神壇說，可以幫人改八字，其實大家不應該相信這種的鬼話，如果一個人，出生的時間能夠改的話，代表時空可以轉變、轉換，這種人直接就可以成為諾貝爾獎得主，也不需要直接跟你改八字，所以八字是不可能更改。

在這個八字以上的(「祖蔭＋福德」到「陰宅(龍穴)」到「八字」代表天)，我們不用想去更改，是不可能改得動。

我們要改什麼，我們改名字，改陽宅，改配偶，改子女，因為這些是我們可以變更的範圍，就是從「人」以後，我們能夠主導的部分可以改變。好比說，改名字，改名字的人很多，現在改名字類似全民運動，改名字到底有沒有效各說各話，有的人覺得很有效，有的人改了沒什麼效果。為什麼會有這種的問題，我們一個一個來說明。

陽宅房子，搬家以及換房子的人是很多，換房子有沒有效，換房子一定有效，因為房子可以算出來，住在裡面的人是什麼樣的人。可是很多搬家的人，覺得效果沒有比較好。在來娶誰或嫁給誰有沒有差，這個一定是所有差別。

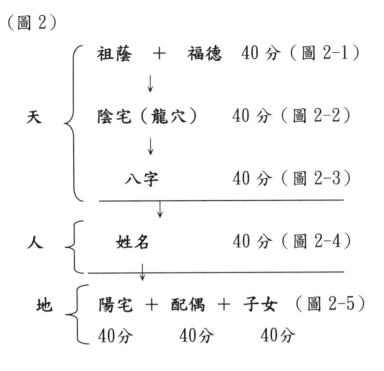

（圖2）

天 ⎰ 祖蔭 ＋ 福德　40分（圖2-1）
　　↓
　　陰宅（龍穴）　40分（圖2-2）
　　↓
　　八字　　　　40分（圖2-3）
　　　　　↓

人 ⎰ 姓名　　　　40分（圖2-4）
　　　↓

地 ⎰ 陽宅 ＋ 配偶 ＋ 子女 （圖2-5）
　　40分　　40分　　40分

　　　為什麼有些人改名字沒有效呢，我們舉個例子說明（如上圖2所示），假設我的祖蔭是40分，八字是40分，原本的名字是40分，我現在改一個90分的名字，我把我的命格提升出來到90分，這樣會有什麼情況，如果我們畫一張圖表來看，橫軸是0到100分，縱軸是人生的分數是0到100分。（如下圖所示）

（圖3）

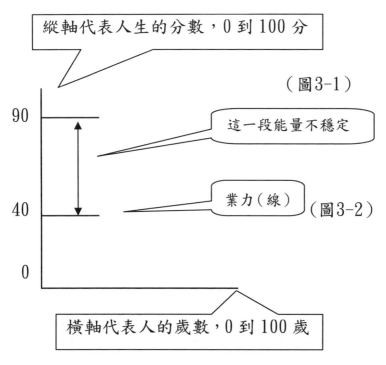

（圖3-1）

縱軸代表人生的分數，0到100分

這一段能量不穩定

業力（線）　（圖3-2）

90

40

0

橫軸代表人的歲數，0到100歲

　　我的出發點是40分，我因為經過改名字的時候是提升到了90分（如上圖所示），已經是很高了，因為從40分提高到了90分，這一段空間太大，導致能量很不穩定（圖3-1），所以我會受到一個往下拉的力量，一直想要把我拉下來，這個就是八字的業力，這一條線就叫業力（40分的業力）（圖3-2），業力就是冥冥之中會影響到我的力量。

（圖4）

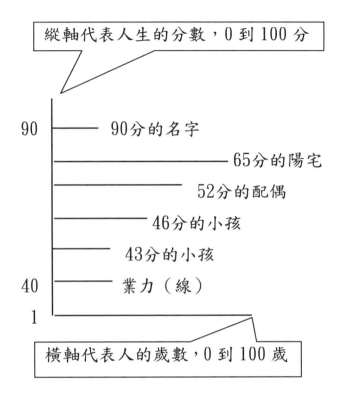

業力（線）是在40分（如上圖4所示），你的名字90分在上面會被拉下來，結果會是如何，你會遇到40分的陽宅。90分的名字跟40分的陽宅搭配在一起，相加起來除以2，剩下多少（陽宅40分+改過的名字90分=130分，除以2）等於65分，「原本住的陽宅是40分，提高增加到了65分」（圖4），改名字90分的力量馬上被壓低了。

在來你會遇到一個40分的配偶，（40分+65分＝105分，除以2），剩下52.5分左右，是不是又被拉低到52分（圖4）。

生了一個40分的小孩子，（40分+52分＝92分，除以2）等於46分,分數一直在往拉下拉。在生第二胎（40分+46分＝86，除以2）等於43分，生了第2小孩子分數只剩下43分（圖4），最後會被拉回到40分，因為你一定要回歸到你的業力線「40分」，這樣才會平衡穩定。因為你的能量是不會間突然提高，「業力線」會把你拉低。

所以你會發現有一些情況，如果你只是把名字提升，你會被你的「個性」所影響找到一間房子，這一間房子是你喜歡。為什麼會強調是你喜歡，因為你喜歡的房子才會跟你的八字有所感應，你才會喜歡，因為你是屬於40分的格局，你就會去住40分的房子。或許一些地理老師建議你的房子，可能是80分的房子,但是不見得你會喜歡，就是跟你沒緣，沒有住。

　　在來40分的配偶是你（妳）喜歡的，如果你（妳）去合婚（八字配盤），可能比較合你（妳）對象的女生或男生，你（妳）不喜歡。你（妳）不喜歡的對象，能夠娶了下去或是能夠嫁得下去的沒幾個。通常我們會娶一個或者是嫁給自己喜歡的對象。所以這個分數一定會被拉下來。在來是生小孩，生小孩能夠選的空間更少了，妳能不能懷孕其實有一半是老天爺在決定，什麼時候懷孕也是老天爺在決定。

（圖2）

天 ┌ 祖蔭 ＋ 福德　40分　　（圖 2-1）
　│　　　↓
　┤ 陰宅（龍穴）　　40分　　（圖 2-2）
　│　　　↓
　└ 八字　　　　　　40分　　（圖 2-3）

人 ┌ 　　　↓
　┤ 姓名　　　　　　40分　　（圖 2-4）
　└ 　　　↓

地 ┌ 陽宅 ＋ 配偶 ＋ 子女　　（圖 2-5）
　└ 40分　　 40分　　 40分

（圖4）

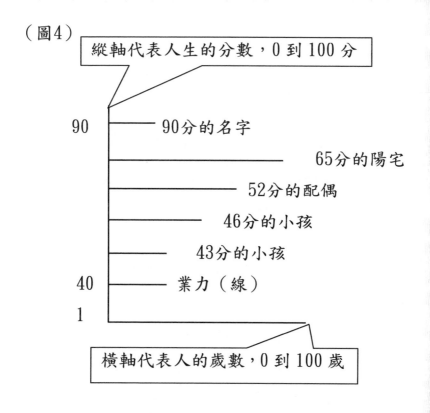

縱軸代表人生的分數，0到100分

90 ── 90分的名字

65分的陽宅

52分的配偶

46分的小孩

43分的小孩

40 ── 業力（線）

1

橫軸代表人的歲數，0到100歲

　　所以這些「陽宅＋配偶＋子女」（圖2-5）的因素，會被你的八字在無形中，業力的影響，所以你只有改名字有沒有效，有效（圖4），一下子就拉上去90分的名字很快就下來了，因為你會被「業力」拉住。如果你要改變你人生的命運，你每一件事情都要很注意，要很小心（從「姓名」到「陽宅＋配偶＋子女」），以及自己的名字要很注意與小心。

在來是陽宅要很注意，對象、配偶，尤其是小孩，這些都非常重要。

只有當你把這些(從「姓名」到「陽宅＋配偶＋子女」)因素都穩住的時候，你人生最後的結果才會改變。你要創造自己的人生，就要把這些變數(從「姓名」到「陽宅＋配偶＋子女」)每個都要掌握到。如果已經是結婚的人，配偶當然是不能換，但是配偶的名字可以改。有學過生肖姓名學的人都知道，配偶的名字會影響到我們的格局很大，會造成我們的能量強弱差很多，一旦配偶的名字錯了，可能會讓你工作的再辛苦也沒有收穫，甚至是你做越多，錢是越花越多。

另外小孩的部分，除了是哪一年出生的生肖有影響以外，小孩的名字影響更多，小孩出生之後名字取的好就會帶財來，小孩帶財來給爸爸或媽媽，小孩要花錢一定是給你（妳），因為你（妳）要買奶粉，你（妳）要照顧小孩。所以你（妳）在無形中生意、事業、工作都會越來越順，我（李老師）

常常遇到很多這種例子。在單身的時候，工作普通以及績效還好，收入還可以。

可是結婚小孩一生之後，馬上變成業界的「TOP1」非常多。當然也有更多是生了小孩子之後，夫妻離異的也不少。

所以你要改變人生，影響人生的因素，每一個你都要很清楚，每一個你都要很小心，你就可以去顛倒類推。譬如說這個人最近發生一件很大的事情，譬如說事業突然間倒掉，或者是夫妻突然間離婚了，本來夫妻感情是很好的，突然間就離婚，你就會知道他們有一個變數出現。當我們的人生遇到了困難或挫折，假設譬如說，是夫妻離婚，還是工作事業不順，或是要搬家，不管怎麼說，一定是出現了一些變數，我們就要針對這些變數做修正。

（圖1）

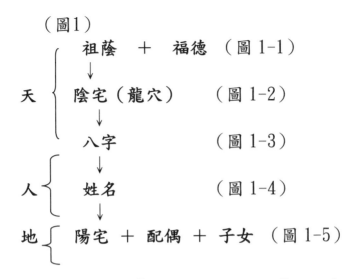

天 ｛ 祖蔭 ＋ 福德 （圖 1-1）
↓
陰宅（龍穴） （圖 1-2）
↓
八字 （圖 1-3）

人 ｛ 姓名 （圖 1-4）
↓

地 ｛ 陽宅 ＋ 配偶 ＋ 子女 （圖 1-5）

　　所以這些（「祖蔭＋福德」到「陰宅（龍穴）」到「八字」到「姓名」到「陽宅＋配偶＋子女」）（如上圖1所示）在不懂之前，你學命理會遇到很多的瓶頸，像我以前也是，幫一個客人改公司的陽宅，這間陽宅的分數很高。如果以做生意來說，是會賺錢的格局，他搬進去之後，前兩三個月都很賺錢，大概到第四個月、第五個月開始還是很賺錢，但是開銷變得很大，然後開始只有打平，嚴格來說就是沒有賺錢，每個月的開銷和賺的錢只有打平這樣。然後過一陣子之後就開始變負債，負債了幾個月之後，他撐不住了，就換了一間辦公室，其實是跟人家合併一起做，他也沒來跟我說，因為他可能覺

得說，我幫他找的這個陽宅對他來說，可能沒有這麼很好，沒有幫到他賺錢。

我也會覺得很困惑，就是為什麼照格局來算，這麼好的陽宅，他居然只有兩三個月的起色，我也很好奇，後來我透過他的朋友去查證，最近他是發生了什麼事情，結果如我遇預料的生小孩，生了一個小孩，這個小孩的名字一算，也是不好。

（圖4）

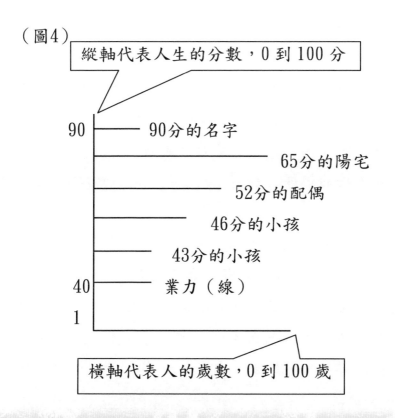

縱軸代表人生的分數，0 到 100 分

90 ──── 90分的名字
──── 65分的陽宅
──── 52分的配偶
──── 46分的小孩
──── 43分的小孩
40 ──── 業力（線）
1

橫軸代表人的歲數，0 到 100 歲

　　你會發現就是說，以上的舉例說明（如上圖4所示），我們以上剛才講的道理，40分的名字，地理老師幫他找90分的陽宅，他一定會因為能量差太多了，他一定會很快的被拉下來，這個拉下來的力量，是從那裡來，是從小孩這邊來，這個小孩的分數肯定要夠低，才能夠瞬間把他的分數拉下來平衡，平衡到這個小孩的力量。

　　所以陽宅的力量是不夠用，因為在強，分數高，一拉也是打對折，就拉下來，所以你會發現，如果你要完全戰勝自己的命運，你要注意很多地方，每個地方都要注意。我們做命理這一行的替人家服務的時候，你必須要拿到足夠詳細的資料，才能有十足的把握。

　　你如果只是幫他動單獨一項，他另外一項馬上會有問題（譬如說生小孩、小孩的名字），馬上會有問題的時候，你跟本不會想到，他也不見得跟你講他生小孩。所以很多客戶，他會覺得說，你現在算的就是答案。譬如說，你在算八字，這三年你要賺

錢，你就應該要賺錢，這個是以前的老師都是這樣想的，可是以現在來說其實是很不準，因為很多該賺錢的時候，不見得會賺錢。因為你有沒有可以讓你賺錢的陽宅，你有沒有可以讓你賺錢的配偶，你有沒有可以讓你賺錢的子女，這個很重要。

重要的一點就是說，所謂該賺錢的時候，譬如說，這個算八字的老師不見得是算對，很多時候是算錯了，本來應該算的是賠錢，他覺得你會賺錢，鼓勵你去投資，你進去投資。你運勢不好的時候，常常會遇到錯的老師，叫你去投資，然後找到的投資點是不好的，如果在加上，也許這個時候生了一個小孩，破了你的格局，整個就像兵敗如山倒，整個就下來了，這個不是八字的問題，是當初算的時候，那位老師的問題。

這種情況很常遇到，因為我常常遇到很多人，他虧錢的時候來找我，我會覺得說這種的運勢，你怎麼會去投資？他們（客戶或客人）會跟你說是某某大師幫他算的，還是說某個人建議他那時候加碼投資，從此一去就兵敗如山倒，再也回不來了，所以這個部分要小心！

　　當然重點就是要把名字改好，若名字改不好，有沒有效，還是會有效。如果你的名字是改了一個負20分，一定也是有效，只是不好的分數，一開始會往下拉去，你也不要怕。因為老天爺是公平的，

會讓你住比較好的房子，把你的分數補回來。因為你的業力（線）是40分（如下圖4所示），該是你的是你的，不該是你的，你也不會多拿。

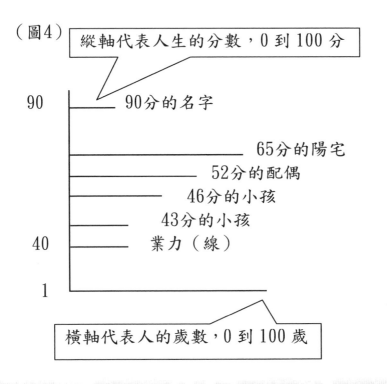

（圖4）

縱軸代表人生的分數，0 到 100 分

90 ── 90分的名字

────── 65分的陽宅

──── 52分的配偶

──── 46分的小孩

──── 43分的小孩

40 ── 業力（線）

1

橫軸代表人的歲數，0 到 100 歲

在來是配偶跟子女的命格，你也要很清楚，因為配偶跟子女，對你是加分還是減分關係非常大。大家可以去印證跟統計，很多人的命格是好、還是壞。舉例譬如說，有學過生肖姓名學的人都知道，陳水扁先生，生肖是屬虎，這個「扁」字，戶字底下的字像柵欄一樣，這個生肖屬老虎的跟關在動物園裡面的沒有兩樣，像這種的老虎是不夠強的老虎。

怎麼有辦法當到總統，這個是很多學生肖姓名學的人，也是覺得很困惑。我們在算一般的人的時候是很準。但是要算這些台面上的人物是不準，為什麼，因為配偶的名字，你沒有考慮進去。人的單體「名字」不夠強，「夫妻名字」要合體比較強，甚至有子女的幫助，事業一次就起來了，這個很重要。

有的時候會覺得算不準，其實不是不準，是因為擁有的資料不夠多，也許他的名字還停留在40分，可是他的房子陽宅，可能分數是很高。所以如

果我們要掌握自己的人生，我們第一個要掌握自己的名字，名字好不好是很重要，我們一定要先把名字的分數拉高，然後是陽宅、配偶、子女每一項都要顧好，我們才能夠在有生之年，創造一個新的天空，改變自己的命運，這些是非常的重要。（以上是我們的舉例說明）。

## ※面授授課內容：（採一對一教學）

1. 姓名中如何看外遇？

1. 姓名中如何看雙妻命？

2. 姓名中如何看三角戀情？

3. 姓名中如何看劈腿？

4. 姓名中如何看夫妻關係的互動？

5. 姓名中如何看婆媳關係的互動？

6. 姓名中如何看岳父母與父母親的互動關係？

7. 姓名中如何看老少配？

8. 姓名中如何看會不會結婚？

9. 姓名中如何看會不會離婚？

10. 姓名中如何看 IQ 高低？

11. 姓名中如何看 EQ 高低？

12. 姓名中如何看個性？

13. 姓名中如何看女強人？

14. 姓名中如何看財運好壞？

15. 姓名中如何看帶桃花？

16. 什麼樣的人異性緣好？

17. 什麼樣的人，人緣很好？

18. 什麼樣的人，貴人運好？

19. 什麼樣的人，很活潑陽光？

20. 什麼樣的人，是直腸子？

21. 什麼樣的人，重義氣？

22. 什麼樣的人，身段柔軟？

23. 什麼樣的人，適合當張老師？

24. 什麼是演藝人的格局？

25. 姓名中如何看慢性病？

26. 姓名中如何看癌症？

27. 姓名中如何看意外？

28. 什麼是雞婆數？

29. 什麼是平安數？

30. 什麼是避災數？

31. 什麼樣的人點子很多？

32. 什麼樣的人，都不認錯？

33. 什麼樣的人，很固執？

34. 什麼樣的人，做事情有效率？

35. 什麼樣的人，做事情很慢？

36. 什麼樣的人，可以合夥做事業

37. 什麼樣的人，適合從事服務業？

38. 什麼樣的人，適合上班賺錢？

39. 什麼樣的人，適合創業做生意？

40. 什麼樣的人，很有靈感？

41. 什麼樣的人，有話直講執諫上司？

42. 什麼樣的上司主管會緊迫釘人？

43. 什麼是姓名中帶桃花？

44. 什麼是姓名中帶驛馬？

45. 什麼是姓名中帶庫位？

46. 男人姓名中帶傷官、劫財會如何？

47. 女人姓名中帶偏印、傷官會如何？

48. 在姓名中出現「沖」會有什麼情況產生？

49. 在姓名中出現「合」會有什麼現象產生？

50. 在姓名中五格出現「單數」會有什麼現象？

51. 在姓名中五格出現「雙數」會有什麼現象？

52. 什麼是成功運？

53. 什麼是基礎運？

※對於遠距離的教學，採用函授 VCD 教學。

○函授內容：

VCD 三十七個小時加上面授三小時（心法竅門口傳）

○費用：四萬六千元整

## 《服務項目》

新生兒取名：3600 元

改名催旺：6000 元

公司行號命名：10000 元

姓名詳批：600 元


□洽詢方式：

# 張士凱

e-mail：TOM64581350@yahoo.com.tw

手機：0987－503－960

匯款帳號：0061387-0582992

## 戶名：張士凱

## ◎姓名學、印相學專用標準字彙

### 一劃之部

一劃屬「土」的字：一 乙

### 二劃之部

二劃屬「金」的字：匕 刀 人 入

二劃屬「水」的字：勹 卜

二劃屬「火」的字：刁 丁 二 力 了

二劃屬「土」的字：又

### 三劃之部

三劃屬「金」的字：才 叉 彳 川 寸 千 刃 三 上 士 夕 小

三劃屬「木」的字：干 工 弓 丌 及 子 巾 久 口 廿 乞 彡 已

三劃屬「水」的字：凡 亡 下 子

三劃屬「火」的字：彳 大 孑 女 勺 巳 毛 麼 弋 丈 之

三劃屬「土」的字：己 山 土 丸 兀 丫 也 尢 於

## 四劃之部

**四劃屬「金」的字：**仇 戈 仁 仍 冗 少 卅 什 乏
氏 手 殳 兮 心 刈 仄 爪 四

**四劃屬「木」的字：**卞 丐 公 勾 介 今 斤 亢 孔
木 牛 亓 欠 犬 牙 元 月 勻

**四劃屬「水」的字：**巴 比 不 歹 反 方 分 夫 父
互 戶 化 幻 毛 爿 匹 片 壬 卅 水 文 毋 勿

**四劃屬「火」的字：**尺 丹 弔 仃 斗 火 井 仍 內
日 太 天 屯 午 爻 仇 支 止 中

**四劃屬「土」的字：**厄 切 王 卬 夭 尹 引 尤 友
予 曰 允

## 五劃之部

**五劃屬「金」的字：**冊 叱 斥 出 叼 刊 尻 仟 且
仞 申 生 失 石 史 矢 世 仕 市 示 甩 司 玉 仙
乍 占 正 主

**五劃屬「木」的字：**本 尔 甘 功 古 瓜 宄 卉 加
甲 叫 句 巨 卡 可 叩 卯 巧 丘 囚 去 外 末 五
仡 玉 札

**五劃屬「水」的字：**叭 白 半 包 北 必 弁 卟 布
弗 付 氼 禾 弘 乎 矛 民 皿 末 母 仫 目 盃 皮
氕 平 叵 仨 兄 玄 穴 氶 印 匜

五劃屬「火」的字：丙 代 旦 叨 氐 叮 冬 叻 立 炛 令 另 奶 尼 奴 冉 他 它 田 仝 仗 召 只 左

五劃屬「土」的字：凹 瓦 戊 矽 央 以 永 用 由 右 幼 孕 仔

## 六劃之部

六劃屬「金」的字：臣 丞 舛 此 次 佘 存 丟 而 吏 列 任 扔 如 色 舌 式 守 妁 死 寺 夙 凸 列 西 吸 先 囟 匈 旬 曳 再 在 早 吒 州 舟 字

六劃屬「木」的字：朴 朵 尬 各 共 乩 吉 伎 奸 开 囝 件 交 白 优 考 匡 价 企 犰 曲 戎 朽 旭 仰 吁 聿 朱 竹

六劃屬「水」的字：扒 百 冰 並 凼 伐 帆 氾 犯 仿 妃 份 缶 伏 亥 好 合 沤 回 米 糸 名 牟 仳 牝 乒 收 汀 危 向 刑 行 凶 休 血 汁

六劃屬「火」的字：吃 弛 打 忉 氖 多 耳 旮 亙 光 尖 匠 她 決 覎 老 耒 劣 六 甪 氘 囤 年 乓 全 肉 同 佘 低 妄 吆 宅 兆 旨 至 仲 自

六劃屬「土」的字：吖 安 充 地 圪 艮 圭 灰 圾 岌 圮 屺 戌 似 吐 圩 仵 伍 戍 伢 羊 伊 衣 圯 夷 亦 屹 因 有 宇 羽 圳

## 七劃之部

**七劃屬「金」的字：** 扱 岔 吵 車 成 赤 氚 串 吹
忖 兌 判 七 噯 忍 妊 礽 刪 劭 佘 伸 身 束 皂 吭
私 伺 咒 姒 宋 忒 吻 佀 辛 佐 秀 序 巡 酉 皁 厄
吱 佇 助 妝 壯 孜 走 作 坐

**七劃屬「木」的字：** 杓 材 岑 权 床 村 杜 呃 伽
改 桿 楨 告 更 攻 估 谷 度 咼 國 旱 何 吼 扛 肓 园
妓 忌 夾 見 角 癩 劫 妙 究 局 姖 君 佧 扛 我 吳 吾
扤 机 匣 嚇 杏 言 吟 杖 劬 卻 杉

**七劃屬「水」的字：** 吧 奄 弛 伴 貝 伾 皀 彼 吡
姀 庇 別 兵 伯 孛 吥 步 汉 池 汎 妨 彷 吠 吩
佛 否 吷 孚 甫 汞 佝 含 罕 汗 亨 宏 妞 伾 汲 汝
即 江 戒 況 冷 忙 尨 每 芊 妙 尿 妞 妘 汕 汜 忘 尾 污 汐 希 孝 形 汛 好 妘

**七劃屬「火」的字：** 犴 呈 辵 呔 貳 但 低 弟 佃
甸 玎 疔 盯 豆 囤 旰 灸 牢 李 利 良 吝 伶 呂
卵 免 男 吶 佞 弄 努 求 志 忑 町 廷 姊 佟 彤 吞
托 佗 妥 巫 妖 佁 佔 志 豸 住 灼 姊 足

**七劃屬「土」的字：** 吞 岂 坂 坌 辰 坊 坩 均 坎
坑 牡 圻 岐 岈 坍 禿 完 位 圬 氙 峴 呀 璊 址
冶 矣 佚 役 邑 呦 甬 攸 卣 佑 余 歟 瑛 延

八畫屬「金」的字：初 忡 承 忱 扯 侃 弨 金 戔 刮 庚 兒 剌 佌 垂
青 戕 妻 挲 刻 使 淨 佹 社 尚 疝 姍 祀 侄 三
叔 抒 受 事 始 姓 呻 穸 昔 兔 所 愯 忪 忮 刷
咋 怎 晟 邰 別 宗 些 宙 宙 妯 咒 周 侏 抓 卒
侂 昌 抄

八劃屬「木」的字：枋 忽 扼 杭 糾 赴 枚 松
昂 柳 板 杯 杵 東 婀 果 京 林 柛 杼
斧 稈 呆 疙 供 咕 姑 孤 固 呱 乖 官 畚 狂 券 竺
昏 肌 亟 佶 技 季 佳 肩 芄 佼 肯 空 快 屈 枝
玖 疢 居 咀 具 卷 卡 咖 抗 歧 穹 虯 枕
杪 芳 呢 杻 把 枇 其 崖 奇 杳 宜
枉 臥 析 呷 欣 芎 克 查

八劃屬「水」的字：孢 卑 戾 沘 彼 昇 忙 汃 把 爸 扳 攽 版 扮 姅 沉
沌 泛 房 放 非 氛 忿 呼 表 奉 秉 並 帛 胞 佽 岡 妹
汩 卦 沅 呵 勼 汾 佲 歿 扶 或 府 咐 阜 沒 怲 沁 幸
門 呧 孟 汩 宓 和 命 帔 虎 姆 泑 盲 罄 牧 汽 扭 沙 洶
狃 拋 咆 庖 呸 明 佩 朋 沫 沏 沕 沐 沱 協 忷
沈 汰 汪 味 汶 沛 物 弦 侔 享 協 汽
沂 雨 沅 唖 沚 汶 武 批 洗 狀

八劃屬「火」的字：徂 伙 炊 佟 奓 圻 炒 長 哎 佰
咚 定 耵 店 典 玓 狄 底 妲 沓 岱 宕 到 的
昆 炕 抉 咎 姐 昊 昃 昊 昊 的 岱 剁 昉
侗 抖 妒 咄 剁 佴 昉 勺

呪 奈 旻 侖 侶 吟 图 冽 兩 戾 例 佬 來 剌
罔 投 帖 佻 忝 發 帑 侍 乳 炆 妾 瘕 念 妮
卓 佳 忠 炙 怢 制 直 知 政 爭 找 易 炎 昕

**八劃屬「土」的字：**艾
岵 岬 坷 㟷 坤 垃 崀 岷 岫 盰 犽
坦 坨 宛 往 旺 委 忤 昐 狖
佾 詠 呦 侑 於 盂 臾 昀 狋

## 九劃之部

**九劃屬「金」的字：**
寂 前 省 衩 侯 俎
疢 枯 牲 剃 俞 姿
車 到 甚 俗 釭 咨
怊 剉 短 叟 頁 拄
拆 宮 庫 思 門 胥 崎
妊 舡 舢 衫 帥 麻 怔
查 度 砂 耍 咻 吒
畠 毒 柔 首 星 則 眨
怵 穿 舡 春 俎 促 彤 信 屍
怯 侵 秋 紉 柔 是 作
施 食 室 削 首 星 昨
私 庠 哉 咎 蚤 則

**九劃屬「木」的字：**
柑 竿 府 肛 缸 紀 柄 柴 柢 芏 俄 枹 朵 肝
瓝 軌 癸 櫃 哄 芎 革 哏 狗 枸 牯 故 枷 咣
架 建 荸 姜 姣 皆 虹 咭 級 急 紀 既 韭 段
狙 拒 軍 看 芄 科 界 蚧 矜 勁 烏 畎 怩 拘
拈 柈 苄 柸 祈 芑 疥 咳 枔 枱 柳 俅 疫 柿
柯 柝 苊 玩 柵 芭 契 客 哇 俏 俅 奕 昨 胤
柚 禹 竽 芋 狦 柘 芝 枳 柱 研 柞

九劃屬「水」的字：疤 拔 拜 拌 保 抱 背 祊 甮

泵 毖 扁 窆 拚 便 昇 波 泊 勃 哺 怖 匄 罘 法

畈 飛 沸 狒 玢 風 封 匋 怫 拂 俘 氛 狐 眔 訃

負 泔 沽 咭 計 沮 河 炬 泆 淚 侯 怙 冒 抿 奐

宦 皇 咇 噦 計 泌 泲 沔 勉 眇 泠 泂 昂 泯 眉

美 昧 虷 咪 弨 泮 姥 泅 盼 狍 泡 咩 抵 泴 哞

某 拇 泥 拍 哌 叛 泍 泣 狍 染 嬈 沭 疱 拊 毗

姘 品 屏 潑 匌 柒 漿 泱 姸 泳 油 沾 沼 治

香 巷 浅 卸 泫 漿 泣 沿 決 盈 泳

注

九劃屬「火」的字：炳 扶 抽 怛 待 怠 殆 眈 抵

帝 酊 訂 段 役 眇 盾 哆 赴 拐 曷 烀 咳 姞

柬 炯 玦 俊 拉 厘 俚 哚 亮 唎 拎 律 哪 娜

奈 耐 南 怒 虐 炮 炰 俐 炭 畋 殄 突 炸 拖

拓 歪 紂 肪 炫 糾 炰 佯 咬 映 昱 災 炸 招

昭 者 貞 祉 致 盅 重 紂 胄 炷 籽 秭 籽 奏

九劃屬「土」的字：哀 垵 拗 砭 垞 衭 昶 坯 峒

峒 肚 砒 垛 埡 垡 垓 垢 砍 奎 趴 怕 盆 砒 均

哇 娃 威 韋 畏 胃 甕 屋 侮 型 耇 峋 押 埡 婭

砑 咽 匽 快 垚 姚 要 咿 怡 荑 姨 艤 姻 音 垠

俑 勇 幽 疣 羑 囿 宥 紆 畁 禹 垣 爰 約 玥 窀

## 十劃之部

十劃屬「金」的字：剝 財 睬 倉 敕 豺 剧 倀 倡

邕 晁 昭 秒 嗶 宸 乘 蚩 持 翅 芻 倣 純 祠 脆

倩 剖 釘 倪 釧 剖 峻 借 怪 剮 罡 剛 珐 釘 凋 厝
射 哨 訕 剡 扇 哨 閃 珊 弱 辱 狨 師 衽 訌 邘 挈
素 拴 書 殊 衮 宵 狩 狩 時 十 索 神 隼 娠 坤
修 笑 息 掀 宵 笑 奬 息 剜 慟 殉 眩 拯 孫 崇
針 釗 唱 疳 窄 釗 痊 唱 栽 殉 紙 症 徐 訐 脩
唑 祚 拽 租 祖 痊 宰 痊 指 真 座

**十劃屬「木」的字：**

桉 芭 笆 柏 柏 梆 枡 屙 根
娴 苊 芳 芬 粉 芙 酐 紺 羔 高 哥 唧 格 詻 骫 屙 根 鬼
耕 哽 肱 恭 蚣 躬 拱 貢 股 骨 罟 唧 掛 掊 桄 脝 脊 殭
桂 衰 核 桁 豇 兼 花 桓 恢 恝 姬 桀 枒 衿 桉 珂 疳 疜
記 珈 家 痂 江 俱 狡 骭 倦 栳 栗 芥 桌 拷 耙 拳 芯 缺
徑 柩 恐 疕 忍 庫 倨 娟 桄 梂 棻 匡 祛 校 哮 芸 紘
恪 倥 者 苊 哭 氣 框 栝 棒 桼 芩 娶 原 珉 枙
棲 芪 耘 栓 起 筍 虔 括 袞 芴 娱 圇
桑 芰 秋 芫 淞 芡 桃 歁 桄 扃 娱
栩 椏 芽 桎 唁 桌 倚 桐 癮 邕
笫 祇 芷 桎 株 桌 倚 邕

**十劃屬「水」的字：**

氨 粑 唄 班 般 舨 豹 趵 倍 秤 服
俵 砒 粃 俾 舭 畢 珌 聓 病 舼 亳 庸 俸 恨 洛 哼 馬 俳 訖
臭 泚 蚨 娥 釜 洱 紡 舫 肥 匪 航 狠 洌 圇 歛 淒 紐
袚 蚨 洞 俯 釜 害 氦 蚶 邢 函 泊 津 秣 毬 珀
恆 邙 旄 候 祐 洭 洅 恚 活 泅 昢 珉 俜 洴
派 畔 們 祥 旁 配 浽 救 疲 蚍 拼 娉 傍

迄 洽 泇 灑 殺 紗 娑 洮 洧 紋 蚊 務 洗 效
脅 絁 浭 屑 恤 溫 恂 洵 訓 衍 洋 洇 耘 拶 洲
洙 濁

十劃屬「火」的字：咮 恥 翀 娗 玳 耽 疸 紞 島
倒 娣 玷 爹 胅 凍 恫 蚪 薑 耿 烘 恍 疾 晉 珏
倔 烤 朗 烙 哩 娌 倆 涼 料 烈 玲 瓴 凌 留 旅
倫 俫 耄 拿 納 朒 衲 孬 能 娘 恧 衄 哦 秦 恁
肮 芮 蚋 倄 曬 昀 恕 朔 胅 唐 倘 討 套 特 倭
疼 屜 個 恬 甜 挑 條 庭 挺 徒 度 挖 擖 站 珍
烏 娭 夏 畜 烜 訊 迅 秧 烊 窈 舀 旃 展
朕 肢 值 秩 舯 衷 塚 祝 倬 第 恣

十劃屬「土」的字：啊 唉 埃 硋 鶴 俺 按 案 盍
敖 芙 峭 城 埕 砥 峨 恩 砝 砩 個 埂 塌 砳 坿
埋 砰 破 埔 砌 峭 竊 容 埏 砷 塊 砣 娓 翁 唔
阮 峽 軒 蚜 氫 憪 胭 宴 晏 氧 恙 眙 酏 益 殷
氤 蚓 祐 迂 邢 育 或 智 員 袁 砰 砟 砧 朒

## 十一劃之部

十一劃屬「金」的字：偲 彩 參 曹 側 釵 產 娼
常 徜 唱 巢 晨 趻 偋 崢 瓶 匙 豉 春 崇 紬 偢
處 紬 啜 船 釧 玼 疵 瓷 粗 崒 挫 得 釣 釩 副
寂 祭 剪 旋 勘 馗 率 捏 釹 珮 阡 釪 氫 圊 慇
雀 蚰 唪 唅 釤 商 捎 紹 奢 蛇 設 赦 紳 胂 售

孰 庶 唎 爽 悚 訟 宿 捄 偷 釦 問 悉 欷 覡
徙 細 舡 祥 斜 偨 訢 矕 邢 羞 袖 酖 旋 悅 責
斮 扎 蚱 砦 粘 脝 梔 胒 趾 終 晝 珠 蛀 專 著
紫 族 組 胙 做

## 十一劃屬「木」的字：笈 苞 苯 笨 苶 楂 彬 梣

茳 趁 笞 茌 崔 笪 笛 兜 軛 梵 苻 桴 符 苷 敢
舸 梗 琪 苟 笱 蛄 梏 牿 胅 規 甌 國 悍 捍 偈
寄 笧 袈 戛 蛺 胛 假 假 堅 覓 趼 健 皎 教 秸
婕 菫 近 婧 竟 救 苴 趄 苣 捐 眷 梋 婪 笠 康
苛 氪 苳 寇 苦 眸 悝 盔 悃 捆 梱 笞 啉 苓
茅 茆 茂 梅 笩 苠 苐 首 旋 偶 苤 笪 棻 乾 悄
茄 卿 頃 笕 蚯 區 蛆 胊 娶 悛 圈 苔 痊 苪 若 啬
苫 梢 笤 笙 倏 梳 術 笱 杪 梭 苔 梯 笞 梃 桶
偓 梧 悟 晤 狹 庿 梟 偕 械 許 研 屜 眼 悒 把
翊 苩 英 唷 圉 庚 苑 笙 苧 梲 苗 梓

## 十一劃屬「水」的字：捌 豝 脘 敗 絆 邦 濱 胞

狽 被 偕 偪 遍 閉 狴 婢 庫 敝 貶 區 遍 彪 婊
邠 斌 淳 舶 捕 涔 唇 訛 返 販 訪 啡 酚 唪 趺
麩 絨 緋 浮 匐 舮 婦 夠 海 酖 毫 浩 盒 痕 珩
唿 唬 扈 瓠 患 凰 悔 彗 晦 婚 貨 浸 涇 涓 浚
浪 流 麻 麥 脈 曼 袞 浼 眽 觅 密 晃 喵 苗 敏
眸 涅 徘 胖 脝 袍 匏 胚 笧 竟 啤 偏 殍 票 貧
婆 粕 浦 渠 澀 涉 涷 掔 涕 塗 晚 望 偎 浯 浠 涎
習 涎 消 邪 挾 婞 响 虛 雪 湧 魚 雯 浴 浙 涎

十一劃屬「火」的字：欸 掉 蜗 晡 眵 敕 從 湊
給 帶 袋 聃 膽 啖 蛋 盜 羝 頂 啶 動 敊 舵 阽
珥 烽 焓 焊 斛 將 狷 訣 觖 徠 狼 勒 梨 狸 猁
唳 粒 梁 聊 羚 翎 聆 蛉 婁 鹵 鹿 略 圇 捋 珞
那 婥 訥 您 胬 戚 軟 晟 胎 酖 貪 袒 陶 別 悌
覉 煙 停 斑 屠 豚 唾 媧 襪 烷 挽 晤 晞 烯 珣
珧 斬 張 章 帳 啁 偵 振 執 痔 窒 舳 捉 啄 皆
偲

十一劃屬「土」的字：挨 庵 唵 埯 崩 埠 埵 埭
崍 硐 堆 崗 硌 崮 硅 崞 胡 基 崛 崆 堀 崍 硈
埝 鳥 啪 培 堋 埠 崎 畦 牽 畦 堂 窕 眺 婉 唯
帷 偉 尉 迂 捂 悟 硒 崤 硏 勖 琊 崖 啞 訝 迓
崦 焉 倔 痒 野 痍 移 異 場 翌 狺 寅 迎 塗 庸
惠 悠 蚰 蚴 徐 域 欲 崢 埴 蛭

## 十二劃之部

十二劃屬「金」的字：鈀 鈑 鉰 猜 裁 殘 傖 廁
嗦 覘 孱 猖 惝 敞 悵 鈔 超 朝 紳 掌 脛 嗇 惆
喘 窗 創 捶 詞 猝 酢 悴 毳 皴 嵯 痤 矬 措 貂
掉 斜 鈍 貳 鈁 鈣 割 鈎 韋 壺 戟 絕 鈞 竣 剴
鈉 甯 鈕 掊 袞 鈴 欽 禽 情 氰 然 靷 絨 傘 散
喪 掃 嫂 痧 跚 善 稍 邵 猰 酋 腎 甥 盛 剩 視
授 瘦 疏 舒 黍 述 稅 順 舜 絲 斯 俟 竦 嗖 酥
訴 粟 餐 睃 鈦 替 童 推 惜 傁 晰 犀 粞 舲 焉
羨 象 胸 琇 須 婿 絮 喧 絢 喻 鑰 咱 鑒 棗 迚

曾 喳 詐 掌 詔 掙 猙 幀 脂 殖 蟄 軹 眾 蛛 貯
茲 詛 尊 阼

**十二劃屬「木」的字**：棒 筆 草 策 茶 根 芫 楮
圖 莽 棰 芘 茨 答 等 第 棣 迭 棟 筏 棼 茯 尷
皋 臵 袼 給 茛 軲 舺 酤 詁 雇 棺 貫 胱 晷 貴
棍 聑 槨 皓 閔 喉 荒 茴 稌 極 戟 棘 殛 集 幾
掎 悸 迦 袷 跏 間 犍 薦 絳 茭 椒 蛟 絞 窖 喈
街 傑 結 筋 蓋 阱 景 痙 窘 啾 廄 掄 椐 莒 詎
距 棋 掘 珺 喀 開 凱 閔 銃 軔 棵 控 筐 睨 傀
喟 蛞 稜 荔 椋 絡 舉 挈 葜 棉 茗 猊 棚 椑 期
欺 祁 棋 掐 捐 茜 嵌 強 羥 喬 邱 球 統 筒 楯 皖
筌 茬 茸 茹 阮 森 篩 邦 覃 棠 筒 統 筒 楮 茵 硬
喲 馭 飫 寓 棧 棹 植 茱 椎 棕 最

**十二劃屬「水」的字**：跋 阪 湴 綁 傍 棓 報 悲
邶 備 貫 絣 琫 詖 邲 弼 酺 贔 搧 猋 幖 邯 玻
博 跛 釩 瓿 淳 淙 淬 淡 發 番 飯 邠 防 扉 沘
悱 斐 糞 馮 稃 跗 涪 袚 幅 復 傅 富 淦 蛤 涫
胲 頇 邯 涵 寒 喊 琀 絋 淏 訶 喝 荊 淶 涼 淋 惚 淥
淮 喚 徨 蚓 惠 混 粨 惑 媚 渼 寐 捫 淼 脝 幂
黽 描 淼 閔 淖 蛑 貿 帽 牌 跑 彭 捧 邳 痞 評 涴
普 淇 淺 清 脉 深 淑 涮 淞 淌 淘 添 湴 淹 淫 淤
淯 淵 雲 粥 涿 淄

十二劃屬「火」的字：掰 焙 采 場 焯 掣 程 塍
嗒 傣 貸 單 氮 悼 登 迪 覘 詆 邸 睇 掂 阽 惦
跌 喋 毳 痘 短 惇 敦 掇 遍 焚 欽 焦 接 嗟 晶
就 厥 吭 焜 啦 喇 琅 稂 勞 犁 喱 理 傈 痢 詈
晾 量 捵 裂 翘 琉 硫 虜 掠 掄 捺 喃 赧 捻 傩
晴 閏 媂 邰 毬 探 掬 啼 腴 捒 桃 迢 貼 婷 痛
飩 跎 酡 惋 惘 喔 窩 幄 焱 尋 循 巽 焱 蛘 軺
軼 媛 哲 蛰 診 軫 證 蛲 智 痣 軸 棻

十二劃屬「土」的字：揑 婥 唵 埯 胺 媼 傲 嵏
堡 塭 嵖 硨 堤 奠 堞 惡 費 黑 埃 畫 黃 堪 喹
嵐 塄 嵋 垍 蛙 嵗 為 圍 悼 惟 餵 砝 婆 痦 翁
硤 翔 硝 硯 堰 揶 披 猗 壹 詒 迤 貽 胰 暗 埡
喝 釉 喻 黿 粵 越 崽 跙

十三劃屬「金」的字：鉍 缽 鈸 鉑 踩 粲 惻 插
詫 琛 嗔 腥 綌 飭 傺 愁 稠 酬 蜂 楚 揣 歃 蠢
趾 琮 催 瘁 搓 脞 鈿 堵 鈷 鉀 剿 捷 靖 鉅 鉚
鈴 鉚 鉬 鈮 刨 鈹 鉅 鉛 鉗 蜣 愜 嗦 鑒 鈺 揉
塞 搔 裟 歆 煞 傷 舺 蛸 詵 蜑 詩 獅 勢 試 軾
鈮 暑 鼠 蜀 睡 嗣 肆 送 搜 肅 嗦 睢 歲 嗉
羨 嗩 鉈 鉭 酮 媳 卸 酰 嫌 蜆 跣 詳 想 綃 新
歆 惺 猩 猻 繡 嗅 煦 揎 暄 鉉 馴 詢 鈾 鉥 愉
揄 嵛 傴 鈺 裕 愈 鈸 載 賊 楂 聞 債 斟 鉦 睜

粜 酯 誅 邾 瘃 莊 裝 資 揍 阻

**十三劃屬「木」的字：**嗄 莑 算 筴 搭 猹 槎 茝
椿 槐 戣 荻 椴 莪 蛾 愕 楓 荸 該 陔 賅 戤 概
感 幹 箕 嗝 塥 跟 緪 詬 毂 痼 註 琯 詭 跪 嵜
荷 猴 逅 畸 嫉 楫 麂 茭 嫁 楝 筧 減 楗 毽 醬
郊 跤 腳 敫 揭 詰 睫 解 僅 禁 靳 經 莖 晴 脛
敬 迴 揪 舅 琚 睢 欅 絹 筠 揩 慨 楷 戡 茨 稞
窠 嗑 筘 窟 誇 蒯 詴 揆 暌 琨 髡 廓 茛 楞 莉
菈 廉 楝 琳 莽 莓 楣 娩 募 楠 逆 睨 笆 楅 莆
頎 琦 琪 祺 僉 愆 箝 嗆 檣 愀 琴 勤 傾 楸 詮
輇 裙 群 嗓 莎 筥 椹 筌 豎 頌 荽 莛 茶 莞 萬
幹 斌 晢 暇 筊 莧 楔 歇 莘 楦 靴 筵 甇 楊 椰
業 義 肆 楹 莜 蕕 莠 愚 楡 痿 預 御 楂 楨 孳
罪

**十三劃屬「水」的字：**靶 頒 斑 褊 稨 電 陂 琲
逬 嗶 幅 愎 痺 辟 閟 偏 颮 稟 摒 脖 渤 補 測
滁 渡 渢 蜂 脯 溉 港 僕 頑 嗓 號 邰 貉 邸 軯
湖 猢 琥 郇 換 渙 搴 惶 湟 揮 暉 匯 會 賄 喙
毀 渾 賈 湞 茫 湫 較 粳 鳩 渴 雷 梁 媽 嗎 湄
猸 渼 盟 迷 渺 湣 愍 酩 莫 貊 尿 琶 湃 溢 琵
媲 睥 犏 剽 聘 瓶 裒 惹 綏 湯 湍 微 湋 渭 渥
熙 湘 漠 潄 湠 湮 游 渝 郁 渣 湛 滇 滯 渚 煮

**十三劃屬「火」的字：**稗 煲 煏 煸 裎 嗤 媸 馳
傳 搭 靼 迨 但 當 碭 嗲 電 殿 揲 牒 鼎 督 鍛

頏 躲 惰 跺 煩 魟 煳 煥 煌 晃 幌 詠 跡 煎 睞
啷 廓 酪 誄 儆 愣 蜊 裡 煉 賃 零 旒 傻 賂 輅
琭 祿 路 亂 煤 睦 乃 惱 農 暖 逢 稔 塔 痰 逃
綈 提 跳 蜓 艇 退 蛻 脫 馱 陀 頑 脘 痯 煨 煒
蝸 熄 煊 煙 琰 揚 暘 煬 徭 虞 煜 詹 盞 照 罩
蜇 郔 置 雊 追 惴 琢 觜 觜 趁 訾

十三劃屬「土」的字：阿 矮 愛 嗌 揞 暗 嗷 嗸
廒 奧 碑 碏 碘 硐 碇 碓 痱 話 鮭 脊 鹼 塏 塊
跬 裊 硼 聖 嵊 嵩 塑 碎 塌 塘 填 琬 碗 蒐 猥
瘘 䐲 蝟 溫 嗡 握 嗚 蜈 塢 詡 勣 塤 嶬 衙 握
蜒 意 揖 飴 詣 爺 裔 飲 傭 雍 蛹 猶 猷 瘀 園
圓 援 塬 氳 惲 暈 愠 輕 稚 睢


## 十四劃之部

十四劃屬「金」的字：銨 艑 綵 嘈 察 瘥 僝 嫦
場 綝 稱 誠 鋮 醒 銃 搊 綢 裯 殤 搯 摛 舛 愴
慈 雌 粹 翠 锦 銕 鉺 罰 閥 鉻 鈴 郝 劃 鉸
精 聚 厠 銬 銠 閜 銘 陘 齊 綮 慊 餞 腔 搶 劂
寢 蜻 銓 逤 認 鉥 瑞 睿 操 瘙 鉋 僧 鞝 韶 賒 僳
慎 逝 誓 壽 綬 署 說 搧 嗽 誦 㾕 瞍 速 愫 傈
觫 酸 猻 損 銚 銅 僮 骰 途 酴 僖 蜥 銑 屣 卻
禊 銜 線 限 像 逍 需 鎯 銤 剽 鋼 銀 腴 瑜 窬
臧 造 嘖 幘 甄 賑 蜘 摭 磈 帯 銖 綜 腙 粽 傳

十四劃屬「木」的字：菝 榜 蒩 摹 菓 菜 菖 萇

嘗 簏 橡 菫 萃 苕 凳 摁 菲 榧 腴 嘎 蓋 菰 暨 趕
綱 罿 膏 搞 槁 誥 郜 歌 搿 郲 構 菇 箍 酵 截
鼓 褌 管 逛 痕 幗 螺 赫 僄 槐 僬 夥 箕 酵 菌 郡
愬 嘉 骱 郊 緊 菅 菡 戩 僭 瘃 僬 餃 菌 菱 榴
竭 誠 根 麈 骷 菁 兢 僦 裾 菊 鞅 菱 綦
懨 犒 萌 墓 幕 荼 魁 睽 菊 愧 萁 旗 蜷
禂 槅 寨 歡 槍 茶 箅 傲 置 菜 蜴 甀 菀
綺 茸 榮 榕 箸 簫 僑 誚 榭 菨 榻 菇 郢
綣 權 菱 菥 楣 瑟 菽 槃 菘 樺 榻 疑 瘥 槌
菀 偽 嫗 箆 瑗 願 薔 搾 寨 肇 榛 箏 菹
奧 語

**十四劃屬「水」的字：** 搬 蚍 飽 悖 繃 嘣 鼻 幣

溄 禕 弊 碧 泌 滭 褙 賓 菠 駁 搏 僰 箔 逋
滄 澠 呆 滌 滇 緋 蜚 淝 翡 僨 瘋 逢 鳳 孵 郫
福 輔 腑 滏 腐 閤 溝 蝦 寡 滾 嗨 豪 滈 閡 菏
瑚 華 滑 猾 瘓 溷 琿 痗 魂 涒 禍 溘 濫 溧 溜
犸 嘜 嘛 慢 髦 瑂 督 麼 陌 竇 溺 滂 搒 脾 羆 瞄
滅 閩 鳴 溟 暝 嫫 麾 陌 竇 溺 澇 颮 飼 溲 溯 溻
嘌 嫖 萍 頗 僕 溥 蜞 溱 溶 溽 颯 飼 溲 熏 窨
溏 滔 網 瘟 聞 部 舞 希 溪 攜 熊 溴 煁 熏 窨
溢 滎 源 滋 滓

**十四劃屬「火」的字：** 熬 暢 塵 逞 瞅 綽 瘩 搗

嘀 嫡 遞 腚 腂 郖 逗 端 對 裰 奪 爾 裹 伙 獎
盡 愷 瘌 辣 罵 郎 嫪 嫘 酹 嘞 嫠 奩 連 跟 僚
寥 廖 粼 綾 領 熘 絡 嘍 陌 綠 綸 裸 雒 嫩

寧 喏 搦 熗 熔 煽 裳 台 態 歎 搪 耢 趙 慆 應
滕 逖 惕 禓 舔 蜩 通 透 圖 團 箄 蜿 綰 腕 誒
靹 瘍 搖 熒 毓 搌 綻 嫜 彰 脹 悼 趙 這 禎 種
逐 綴 緇

十四劃屬「土」的字：骯 嫯 塝 碥 碴 塝 誕 碲
墊 碟 砜 閨 監 碣 境 逵 壺 樑 嶁 墁 嘔 碰 塹
嶇 塪 塾 墅 碩 碳 維 瑋 誣 誤 窩 瑕 鞋 頊 嘘
墟 碹 醄 嫣 耶 腋 禪 旖 夤 瑛 墉 踊 誘 與 鳶
冤 猿 殞 翟 嶄 嶂 墜 准

## 十五劃之部

十五屬「金」的字：鉰 鋇 慚 慘 艓 摻 摻 嬋 鋌
塵 諂 腸 廠 麩 瞋 黎 瘀 沖 摀 廚 鋤 諆 喥 瘡
搋 噇 蹌 賜 醋 摧 銼 嘟 鋨 鋒 數 鋯 創 劇 鋏
緘 劍 節 靚 鍋 劇 錁 刴 銀 鯉 銃 銵 劈 鋪 噙
鋑 請 趣 髿 糅 銳 腮 氄 磔 傻 陝 殤 賞 審 諗
勝 實 蝕 駛 爽 艚 熟 數 腧 摔 誰 絲 緦 嘶 駟
艘 蝮 誶 瑣 鋱 鋌 腿 鋆 嘻 陷 線 腺 嘵 銷 鋅
腥 陘 銹 緒 儇 緼 槶 駔 噪 鋥 積 幟 陟 摯 皺
囑 盡 幢 諄 諑 蹤 諏 陬

十五屬「木」的字：葆 蔫 篌 標 槽 箹 梆 樗 樅
稻 噔 蒂 頦 樊 葑 橄 稿 葛 廣 鞏 穀 廣 嫵 瑰
郭 摑 茳 篌 餞 葫 槲 篁 蝗 嘰 緝 繼 稽 瘠 擠
稷 葭 價 駕 稼 儉 翦 賤 腱 箭 僵 槳 嬌 膠 嘵

頡 羯 槿 徹 獌 鬮 樛 駒 踞 菩 慷 靠 頗 瞌 蝌
課 緙 摳 侉 僧 寬 款 誑 葵 醌 閫 樓 面 模 耦
葩 篇 葡 械 蓺 嫵 槩 慶 窮 氅 萩 蜎 甚 樞 樘 儀
葶 葳 葦 蔫 蔥 瞎 賢 緗 葙 箱 蠍 萱 樣 儀
誼 毅 瑩 塍 窳 葬 樟 箴 荺 著 箸 醉

**十五劃屬「水」的字：** 鮑 魃 罷 瘢 鲅 褒 鴰 裸
暴 輩 褙 骽 奔 陛 腷 駁 髮 編 蝙 褊 纏 麃 摽
憋 餅 荸 踣 舖 部 漕 澘 蜯 滑 醇 滴 幡 范 魴
誹 膚 帕 蝠 駙 賦 腹 蝡 蝮 澈 餱 盤 虢 慭 漢
撇 頜 褐 澔 澏 滬 嘩 踝 逭 澧 輝 麾 慧 漿 漊
漣 凜 漏 瀝 履 落 瑪 碼 禡 勱 賣 鞍 滿 慢 漫
潐 貓 蝥 貌 霉 魅 緬 紗 廟 緝 瞑 摸 摩 漠 墨
慕 暮 漚 蔟 盤 醋 賠 噴 彭 郫 陴 翩 漂 魄 噗
漆 憩 滲 漱 霆 萬 透 嬉 蝦 飴 霄 颩 寫 漩 演
漾 漪 穎 漁 漳 漲 震 漬

**十五劃屬「火」的字：** 暟 儌 熛 噌 層 徹 跡 齒
傺 憃 除 褚 踔 逴 輟 滕 裕 逮 儋 彈 德 敵 骴
締 踟 調 蝶 董 陡 緞 餌 緩 踐 瑾 進 噦 賨 閻 逯
嘮 樂 黎 厲 練 諒 輛 嘹 寮 撂 劉 瘤 摟 魯 逯
毅 慮 輪 論 膈 駱 熳 鼐 腩 蜹 腦 鬧 餒 輦 儂
駕 挪 噢 僻 熱 熵 踏 駘 談 鄭 賧 羰 瑭 躺 鉽
踢 緹 髻 摶 褪 駝 膃 輖 腰 瑤 熠 熨 暫 摘 獐
賬 折 輒 赭 陣 鳩 征 諍 質 觶 腫 駐 緦 禓 輨

**十五劃屬「土」的字：** 膻 鞍 璇 墺 嶓 嶒 墀 磁

礎 嶝 墩 墮 廢 墳 磙 嘿 糊 蝴 嬌 磕 蝰 嶗 磊
嶙 碾 翩 歐 毆 慪 磐 嶔 碻 豌 緯 諉 衛 慰 廡 蝣
嫻 糈 鴉 養 噎 葉 靨 億 逸 影 慵 憂 郵 魷 蝣
牖 諏 緣 院 閱 增 磔

## 十六劃之部

**十六劃屬「金」的字：** 錛 餐 憯 穆 艙 糙 踏 儕
幨 闇 氅 銀 諶 踸 賴 褫 憧 瘳 踹 遄 陞 錘 輰
錞 縒 璁 璀 撮 蹉 醛 錯 鎝 雕 錠 輻 鋼 鋼 愡
輯 錦 靜 鋸 錖 錕 鍊 釘 錳 穆 锫 憑 錡 錢 錆
嬙 撤 瘸 踩 儒 縟 褥 塞 嬗 膳 郿 輸 螄 撕 穌
鋑 頯 錫 義 螅 閼 掀 醒 髶 諉 謁 逾 艍 諭 憎
甋 療 戰 縝 錚 整 縐 諸 塵 撞 錐 錙 聯 撙

**十六劃屬「木」的字：** 蓓 蕐 篳 蓲 篦 蔀 箾 蒼
橙 篠 蕁 篤 餓 諤 鄂 閖 蕚 過 噩 蕙 籃 噶 篙
糕 縞 膈 骼 鵠 摜 龜 輥 過 蒿 噲 橫 欑 骱
鸎 樺 慌 隍 葷 機 幾 螫 蕨 劑 冀 髻 頻 縑 蒹
諫 踺 彊 構 葷 橋 徼 縉 噤 頸 憬 橘 舉 踽 寞
鄆 橄 麇 瞰 眍 褲 噲 窺 憒 篌 夢 蓁 槃 磬 糒
黔 橇 橋 憔 樵 撬 鞘 親 擒 檎 螓 檠 磬 遒 糗
趨 鴣 碟 橈 蓉 蕁 穇 樹 蒴 蒜 蓀 蓑 翁 樨 縣
橡 筊 嘯 諧 蓄 閻 諺 窯 蔭 縈 鎣 贏 穎 閾 遇
圜 樾 蓁 蒸 築 篆 嘴 樽 觔 縊

**十六劃屬「水」的字：** 澳 鱉 瓣 鮑 虤 儫 糒 甏
嬖 霈 鮋 鞞 遍 辨 瘭 儐 撥 餑 播 鮊 膊 餺 潷

潮 澄 霏 奮 憤 諷 撫 魨 骸 駭 領 翰 翮 醐 寰
遑 潢 諱 闍 餛 潤 澆 潔 噱 潰 潦 澇 霖 螞 罵
瞞 蟎 醚 憫 螟 瘼 默 謀 霓 凝 潘 螃 耪 陪 霈
澎 膨 駢 騙 諞 瓢 暝 撇 瞥 頻 鮃 撲 琶 潛 潤
撒 霎 濟 潲 澠 澍 漸 潭 燙 潼 隈 潙 潿 閹 憲
廝 興 學 潯 鄄 沄 激

**十六劃屬「火」的字:** 撤 陳 撐 鷗 熾 儔 轃 達
殫 撣 憚 導 道 燈 諦 諜 蹀 都 賭 憨 噸 燉 遁
踱 積 撅 獝 賴 襤 螂 撈 擂 縭 璃 罹 歷 璉 撩
獠 燎 廩 陵 遛 龍 瘺 盧 陸 錄 燜 撓 鯰 喂 諾
道 燃 燒 燊 遂 鮐 曇 糖 螗 條 陶 蹄 醍 頭 暾
鴕 橐 熹 曉 璇 謔 焰 鴦 曄 燁 燚 燠 璋 瘴 臻
踵 豬 撰 贅 諮 髭 燔

**十六劃屬「土」的字:** 噯 嬡 諳 聲 螯 懊 磅 壁
磣 慣 衡 墾 垮 磨 甌 磧 牆 融 壇 達 謂 憮 歔
遐 閹 燕 噫 頤 嶧 殪 陰 甕 餘 豫 鴛 蜿 運 鄆
醖 磚 鴨

**十七劃之部**

**十七劃屬「金」的字:** 鍍 嚓 擦 綜 操 艚 螬 懆
餷 錇 禪 償 襄 鼀 懤 憯 歜 黜 臌 聰 獨 鍍 鍛
鍔 鍰 徽 蹇 餞 鍵 駿 鍇 鏈 锢 鎂 麋 鍪 遣 蹌
鍬 鍥 嚅 孺 鄅 賽 穇 繅 擅 聲 謚 蟀 瞬 鍶 皵
鎪 謑 雖 隋 縮 膝 蟋 豁 戲 鮮 癇 獮 餡 謝 儔

遜 翼 輿 糟 晉 鍘 齋 氈 鍺 鍼 鍾 謵 矚 總 鄒
鍋

**十七劃屬「木」的字：**薅 蔽 檁 檗 蔡 楗 椶 蔥
蔟 簇 檔 瞪 懂 苑 箅 擤 鴿 篝 購 媾 鴣 館 篙
蟈 擴 檜 谿 擊 磯 激 嚌 覬 艱 韅 撿 檢 謇 講
蔣 鮫 矯 階 鮚 鞠 鞫 據 颶 糠 顆 髁 懇 蔻 挎
獪 蓚 欄 檽 蓮 聯 斂 蔘 檫 蕆 簍 篾 蔓 懋 蔑
蔑 篾 蔦 蓬 蹊 謙 瞧 擎 罄 蕖 闃 篸 薂 歠 檀
蔚 橄 蓰 轄 蟀 薌 魁 蓿 蔫 簷 營 獄 嶽 簀 蔗
櫛 賺 椿 蔇

**十七劃屬「水」的字：**癍 幫 謗 躃 臂 檷 齔 孹
澹 點 澱 璠 繁 鮎 縫 縛 醓 鼾 韓 憾 撼 嚎 鴻
豰 擐 璜 隤 澮 澤 闈 澴 澧 濂 潞 孀 縵 蟒 蟊
彌 謎 糜 謚 蓦 膜 濃 蟠 貔 縹 螵 嬪 皤 璞 霜
濔 禧 霞 鄉 蓁 褻 懈 獮 鱘 澡 澤 澶 浣

**十七劃屬「火」的字：**曖 餲 燦 齜 瞠 騁 醜 黛
擔 癉 擋 蹈 隊 鴯 鮞 燴 績 璿 爵 闌 癆 縲 儡
勵 隸 褳 殮 魍 療 臨 瞵 磷 懍 隆 穋 螻 縷 螺
麋 繆 黏 寧 駿 燧 過 蹋 餳 膛 螳 醣 縢 噠 曈
曈 臀 襄 燮 謠 遙 縤 燥 擇 輾 蟑 褶 鷙 膣 螽
燭 縱

**十七劃屬「土」的字：**癌 隘 闇 鮟 醆 遨 謷 磴
墩 鮭 壕 壑 磺 磯 礁 壙 嶺 磽 嶸 闈 鮪 鄔 壓

陽 憶 懌 翳 應 嬰 臏 擁 優 黝 隅 嶼 轅 遠 龠
郹 嶷

## 十八劃之部

**十八劃屬「金」的字**：翱 鰲 鋩 鎃 鞞 璨 蟬 繟
儭 鐘 儔 雛 嶙 儲 墋 竄 廊 鎬 鍢 環 穡 劃 鎵
鎧 錚 聶 嚙 鎳 擰 獰 闐 闕 鎔 鞜 鍛 繕 蟮 觴
嬸 雙 颺 鎖 鵭 舊 餼 燹 蟓 擤 鎰 遭 瞶 繒 臍
鎮 織 顒 鬆 鎦

**十八劃屬「木」的字**：檳 檫 薇 簞 簽 簠 董 鵝
額 顎 蕃 擱 隔 鯁 邁 覲 鵠 瞀 歸 繇 簣 螃 蕙
犄 戴 蟻 鯽 鯨 瞼 襠 簡 謹 檻 糠 蕉 謹 觀 舊
屨 瞿 鵑 蕨 騍 黃 簀 殰 攔 簪 擬 膩 檸 騏 騎
菁 襖 郫 蕎 窾 翹 茼 軀 璩 覬 鬈 菴 繞 蕻 蕊
蔬 檮 檮 隗 魏 蕪 點 蕈 顏 蠅 鵒 蟈 簪 叢 獲

**十八劃屬「水」的字**：鼥 鞴 鄙 氄 濞 髀 曼 鞭
飆 斃 濱 擯 殯 襏 鵓 餺 鷉 闖 蕩 翻 黻 賻 覆
馥 闔 鄂 鯇 績 螶 濟 謾 鄭 朦 鄖 謨 鏌 貘 濘
蹣 蟛 癖 濮 濡 鯊 濕 穗 濤 濰 隙 獷 瀅 雜 濯
濠

**十八劃屬「火」的字**：癡 蟲 戳 叢 戴 燾 鞮 瘳
斷 懟 豐 爐 醪 耢 蟄 禮 鯉 糧 繚 膦 嚕 轆 璐
謬 蟯 耨 懦 適 曙 抬 鵜 題 闈 餐 魍 曛 曜 瞻

障 遮 謫 職 贅 擲 躓 轉 雜 擢

十八劃屬「土」的字：礙 璦 盦 襖 蹦 壁 礎 礩
壘 謳 躄 鄩 醫 黟 彝 鄞 廯 鼬 隤 轀

**十九劃屬「金」的字**：鏖 崩 鏢 襜 蟾 鏟 鯧 懲
遲 寵 疇 辭 蹴 禱 鏑 顛 牘 犢 鏡 鏗 鎏 鏤 鏝
錨 鏌 鍩 遷 鏘 譙 鯖 鵲 顙 騷 臊 膻 鄯 繩 識
獸 攄 餿 撒 鎗 醮 系 暹 饈 選 贊 鏊 躁 譖 鯫
鏃 遵 肅

**十九劃屬「木」的字**：薛 簸 櫥 薋 蹬 櫝 朧 關
獷 薅 薨 蕻 譃 薈 譏 薊 疆 繳 轎 醮 襟 槿 鯨
鬆 襗 胯 檜 曠 鯤 擴 蕾 櫳 櫟 櫓 麓 難 鯢 攀
麒 髂 簽 薔 蹺 繰 鏊 醛 薩 薯 薇 薙 蕭 肖 擷
薤 蟹 薪 薛 贋 遺 蟻 薏 薅 簻

**十九劃屬「水」的字**：瓣 鶄 襞 瀝 癟 薄 醱 簿
瀘 鶉 瀆 蹯 緋 羹 轟 鯤 繯 繪 瀖 瀎 獵 瀏 瀠
蕙 懵 濛 襏 靡 洒 鵓 鵬 騙 鄱 譜 蹼 瀑 擾 霧
瀉 瀅

**十九劃屬「火」的字**：薆 擺 爆 蹭 嘲 蟶 歠 鼬
噠 襠 鄧 鯛 鶇 胴 蹲 癟 際 譎 蹶 贏 類 離 麗
曘 簾 臁 蠊 臉 襝 遼 鄰 遴 轔 鯪 餾 嚨 擼 盧

毬 贏 蟆 撢 膿 龐 曝 蹻 爍 譚 韜 鼕 璽 郭 繹 贈 郭 轍 鄭 鶩 緇

**十九劃屬「土」的字**：爐 礋 壞 疆 壢 甕 壚 穩 鵡 鷔 臆 臃 韻


**二十劃之部**

**二十劃屬「金」的字**：鐔 犨 觸 鰭 鐙 鐵 鑽 鏵 鐧 鍘 鐈 铜 鐌 鐐 鱗 耰 鎂 錯 繾 鎰 黥 譻 蝶 襦 繻 蠕 鰓 散 騙 釋 孀 錫 壨 霙 馨 續 譯 譫 騵

**二十劃屬「木」的字**：藕 藏 梘 籌 篹 鶚 鱷 菓 鰉 攉 蟆 籍 繼 艦 藉 警 競 齟 遽 釀 覺 闞 譽 跨 鄶 繽 饋 藍 籃 欐 櫨 檬 貌 篷 臍 蠐 薺 騫 瓊 鰍 勸 薵 薹 犧 獻 懸 薰 嚴 邀 議 櫞 齣 櫧 櫱 纂

**二十劃屬「水」的字**：膀 齙 鰛 避 襠 躄 鯿 辮 穟 繽 瀕 蠙 臏 黼 鰒 瀚 蠔 鶘 懷 還 瀨 瀝 瀧 瀘 邁 顢 饅 鵑 蠔 魔 譬 嚷 邂 瀅 瀠 瀛 瀦

**二十劃屬「火」的字**：寶 闡 鄲 黨 鰈 竇 嚼 瞿 懶 爇 醴 癗 齡 騮 朧 攏 爐 擄 羅 糯 飄 贍 獺 撻 騰 齠 黿 曦 耀 贏 躅

**二十劃屬「土」的字**：鶩 巉 礦 歸 礫 壤 鼯 鷔

鄴 癮 嚶 罌

## 二十一劃之部

**二十一劃屬「金」的字：**鐙 驂 鶬 蠆 攙 懺 羼 韂 襯 鐺 躇 呲 鷀 驄 鐸 鐫 鐳 鐮 囁 譴 蛩 麝 隨 隧 邃 鐵 爔 險 鐿 儹 躑 屬 鐲 鄹

**二十一劃屬「木」的字：**蘪 鶻 顧 纆 顥 饑 雞 殲 鶒 藺 贐 夔 藜 藕 鞒 驅 饒 藪 籐 囂 藥 藝 齦 鶯 櫻 蘊

**二十一劃屬「水」的字：**黯 霸 辯 驃 臕 飆 襮 藩 瀵 鶴 轟 護 瀾 瀲 露 獮 靦 邈 霹 鼙 鰭 瀼 攘 瀟 醺 瀹

**二十一劃屬「火」的字：**纏 躊 躋 爝 臘 蠟 癩 斕 覽 爛 纍 儷 疬 瓏 髏 騾 曩 鰨 鰷 鰩 鷂 灶 囀 饌 齜

**二十一劃屬「土」的字：**鰲 磚 蠡 礪 礱 磙 礞 巍 攖 礐 躍

## 二十二劃之部

**二十二劃屬「金」的字：**鑌 鑔 躔 韁 攜 躓 攩 鑊 鑒 蹬 懾 襲 隰 驍 癬 鑄

**二十二劃屬「木」的字：**藹 龔 瓘 蘅 驕 懼 鰊

廓 籍 藶 藺 龍 籠 蘆 蘑 孽 蘋 蘄 氌 權 蘇 儼
癭 巒 齬

二十二劃屬「水」的字：邊 鰾 鱉 灃 灌 驊 歡 獾
霽 漓 霾 鰻 艨 鯢 糖 瓤 穰 灄 響 饗 鱈 藻

二十二劃屬「火」的字：顫 齪 糴 疊 讀 龕 邋 糯
鰱 躐 鷁 聾 癰 竊 臚 艫 孌 囊 攝 贖 儻 饕 聽
彎 鷂

二十二劃屬「土」的字：巔 巒 鷗 懿 隱 瓔 鯒 饔

## 二十三劃之部

二十三劃屬「金」的字：鑣 黲 髑 鱔 鑠 鷥 髓 氎
鱚 纖 鷴 攢 髒 矑 鱒

二十三劃屬「木」的字：欑 蘩 蠱 鹼 蘿 鷦 驚 鷟
躅 蘭 蘞 欏 蕎 蘗 蘧 癯 蘚 鼴 驗 驛 鷸 孳 蘖

二十三劃屬「水」的字：鷟 變 鰿 鬖 襀 灘

二十三劃屬「火」的字：讎 蠣 戀 鷯 鱗 麟 轤 攣
欒 玁 猱 攤 體 顯

二十三劃屬「土」的字：變 巖 纓

## 二十四劃之部

二十四劃屬「金」的字：鑄蠶讒讖矗鑫瓚驟

二十四劃屬「木」的字：靄齲贛羈攪蘺籬釀
衢齷魘鷹攙

二十四劃屬「水」的字：蚌髖鬢霍彎顰躞

二十四劃屬「火」的字：螭鞳癲蠹攫讕鱧靂
靈隴鷺讓闈癱廳齷鱸

二十四劃屬「土」的字：壩罐鹽艷礙

## 二十五劃之部

二十五劃屬「金」的字：鑶鑱鱔躦鋼躡鑲贓

二十五劃屬「木」的字：觀鱈髖欖蘿籮蘸纘

二十五劃屬「水」的字：灞酆灝纜潔蠻蘼襻

二十五劃屬「火」的字：靆蠹攬鬣鄺顱鑹摷
曩

二十五劃屬「土」的字：

## 二十六劃之部

二十六劃屬「金」的字：饞鑷驥鑼釃躦趲

二十六劃屬「木」的字：蠳 躓

二十六劃屬「水」的字：灣

二十六劃屬「火」的字：邐 酈 驢 邏 療 攮

二十六劃屬「土」的字：

## 二十七劃之部

二十七劃屬「金」的字：黷 鑾 鑼 顳 鑽

二十七劃屬「木」的字：顴 讕

二十七劃屬「水」的字：灤 纈

二十七劃屬「火」的字：讜 纜 鱺 鱸 驤

二十七劃屬「土」的字：

## 二十八劃之部

二十八劃屬「金」的字：

二十八劃屬「木」的字：籩 戁 欚

二十八劃屬「水」的字：灎 戀

二十八劃屬「火」的字：魖 轣 躞

二十八劃屬「土」的字：鸎

二十九劃屬「金」的字：

二十九劃屬「木」的字：

二十九劃屬「水」的字：

二十九劃屬「火」的字：驪 躪

二十九劃屬「土」的字：鸛

### 三十劃之部

三十劃屬「金」的字：爨

三十劃屬「木」的字：

三十劃屬「水」的字：鱻

三十劃屬「火」的字：鸝 鱺 鸞 驤

三十劃屬「土」的字：

※因電腦編排恐有謬誤之處，所以以上筆劃數、五行及注音，要以康熙字典為主，如讀者發現有錯誤，歡迎來電指正告知，於再版時會再作修正，謝謝！

（此部份節錄於史上最便宜、最精準、最實用精校彩色萬年曆）

## 八字時空洩天機【雷集】

作者：太乙　雅書堂出版　定價380元

**軟皮精裝**

　　《八字時空洩天機》是結合「鐵板神數」之理論，利用當下的時間，作為一個契機的引動，也將一個時辰兩個小時的組合轉化為一百二十分鐘，再將一百二十分鐘套入於十二地支當中，每十分鐘為一個變化、一個命式，套入此契機法，配合主、客體的交媾直斷事項結果，結合第五柱論命的原理，及易象法則與論命思想精華匯集而成的一套學術。

　　本書突破子平八字命理類化的推命法則，及同年同月同日同時生的迷惑，而且其中的快、準、狠讓求算者嘖嘖稱奇。以最自然的生態、日月運行交替、五行變化，帶入時空，運用四季，推敲八字中的奧妙與玄機。

## 八字時空洩天機【風集】

作者：太乙　雅書堂出版　定價380元

**軟皮精裝**

　　《八字時空洩天機》是結合「鐵板神數」之理論，利用當下的時間，作為一個契機的引動，也將一個時辰兩個小時的組合轉化為一百二十分鐘，再將一百二十分鐘套入於十二地支當中，每十分鐘為一個變化、一個命式，套入此契機法，配合主、客體的交媾直斷事項結果，結合第五柱論命的原理，及易象法則與論命思想精華匯集而成的一套學術。

　　《八字時空洩天機》【風集】則從最基礎的《易經》卜求、五行概念、八字基礎，以十神篇，說明《八字時空洩天機》的命理基礎，再運用契機法，算出自己想知的答案，讓你在輕鬆的氛圍中，領悟出相關卦象及自然科學生態循環之要點，不求人地算出自己的前程未來。

## 八字十神洩天機【上冊】

作者：太乙　易林堂出版　定價：398元

**精裝版352頁**

　　「八字十神洩天機－上冊」是再次經過精心設計編排的基礎五行、十天干、十二地支、十神特性論斷，彙集十神生成導引之事項細節延申、時空論斷及推命之步驟要領、論命之斷訣、八字天機秘論、個性導引十神代表，以及六十甲子一柱論事業、公司、老闆、六十甲子配合六十四卦、一柱斷訣之情性，結合時空論命訣竅及易經原理、直斷訣，論命技巧與思想、精華串連起來彙集而成的一套學術更是空前的編排組合，請拭目以待。

## 八字快、易、通

作者：宏宥　易林堂出版　定價：398元

　　【八字 快、易、通】本書內容運用十天干、十二地支，
透過大自然情性法則，解析五行的屬性、特質、意義。
五行間的生剋變化，構成了萬物和磁場之間的交互作用，
為萬物循環不息的源頭。本書捨棄傳統八字之格局、用神、喜忌，
深入淺出之方式讓初學者很快進入八字的領域，
為初學者最佳工具書。
本書內容在兩儀卦象、直斷式八字與時空卦的運用皆有詳細、
精闢之論述。

## 您可以這樣玩八字

作者：小孔明　易林堂出版　定價：398元

您玩過瘋迷全世界的魔術方塊嗎???
解魔術方塊的層先法與推算八字有著異曲同工之妙，方法是先解決頂
層(先定出八字宮位)，然後是中間層(再找出八字十神)，最後是底層(以
觀查易象之法來完成解構)，這種解法可以在一分鐘內復原一個魔術
方塊(所以可以一眼直斷八字核心靈魂)。
命理是以時間為經，空間為緯來交媾而出的立體人生，若說魔術方塊
的解法步驟為《上帝的數字》，那八字則是《上天給的DNA密碼》，一
樣的對偶性與雙螺旋性，只要透過大自然生態的天地法則，熟悉日月
與五行季節變化的遊戲規則，就可以輕輕鬆鬆用玩索有得的童心去解
析出自己的人生旅程，準備好透過本書輕鬆學習如何來用自己的雙手
去任意扭轉玩出自己的命運魔術方塊嗎？

## 解開神奇數字代碼

作者：太乙　易林堂出版　定價：298元

　　數字除了代表單位、計算、數量、人的代碼之外，它涵蓋了宇宙間
無數的神祕力量，也非三言兩語能道盡，這連天地鬼神、天文、地
理、人生的生活百態都潛藏在這數字當中，所以我們能透過這數字
的組合來解開這神秘的數字代碼。
　　數字本身含有五行、質氣、九宮、方位、濕寒燥熱，利用這交互作
用，用以規畫，進一步達到自己最有利的目地，是一種解碼，也是一
種預測學，用以作為占驗、卜卦之原理，使用最普遍取得的撲克牌，
作為工具，來引導數字組合的出現，再透過本書為您精心設計的100
組，1對1到10對10的數字組合，解開神秘數字的代碼，百斷百驗，讓
您無法思索這不可思議的力量從何而來，反正就是準，猶如天書再
現，擁有本書，如同請一位專業諮詢師回家，隨時隨地可諮詢。

平裝、192頁

## 徵求 命理、五術書籍系列作者

歡迎對命理、五術學有專精的您，踴躍投稿。

我們有相當堅強的企劃編輯人員與行銷通路，可將您的智慧、作品、心血結晶，完整傳送到海內外各地讀者手上，實現您的願望！

請您將：1、目錄。

2、序言。

3、1/2以上的內文文字、圖檔。

4、作者自傳、簡介及聯絡方式。

將以上四項以文字檔e-mail至too_sg@yahoo.com.tw

易林堂審閱全部電子檔後，將與您聯絡討論